Ikuinen valo

Sri Mata Amritanandamayi

Ikuinen valo

Henkisiä neuvoja arkielämää varten

Mata Amritanandamayi Center, San Ramon
Kalifornia, Yhdysvallat

Ikuinen valo
Henkisiä neuvoja arkielämää varten Sri Mata Amritanandamayi

Julkaisija ja painopaikka:
Mata Amritanandamayi Center
P.O. Box 613, San Ramon, CA 94583
Yhdysvallat

——————— *Immortal Light (Finnish)* ———————

Copyright © 1998 Mata Amritanandamayi Mission Trust, Amritapuri, Kerala, 690 546, Intia

Kaikki oikeudet pidätetään. Osaakaan tästä painotuotteesta ei saa tallentaa millään tunnetulla tai myöhemmin keksittävällä menetelmällä, siirtää, uudelleentuottaa, siirtää toiselle välineelle tai kääntää millekään kielelle missään muodossa ilman julkaisijan lupaa.

Ensimmäinen painos MA Centerin: huhtikuu 2016

Kotisivu: www.amma.fi

Intiassa:
www.amritapuri.org
inform@amritapuri.org

Sisältö

Esipuhe	7
Lapsilleni	11
Henkinen elämä	19
Archana	36
Japa	44
Temppelit	49
Guru	59
Palvelutyö	63
Karmajooga	68
Satsang	72
Koti	74
Yksinkertainen elämäntapa	83
Ruoka	86
Avioelämä	97
Lasten kasvattaminen	104
Vanaprastha	111
Opetuksia eri alueilta	113
Sanasto	119

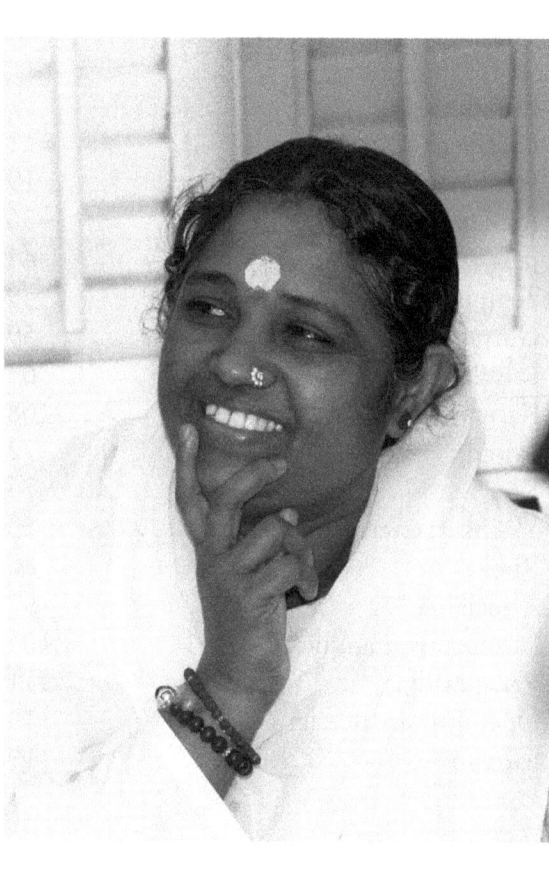

Esipuhe

On olemassa ikuinen totuus, joka säilyy muuttumattomana aikojen saatossa. Sen oivaltaminen on ihmisen elämän päämäärä. Aika ajoin mahatmat (suuret sielut) ilmestyvät keskuuteemme ihmiskehossa ottaakseen meitä kädestä kiinni ja ohjatakseen meidät tähän totuuteen. He toimivat pyhien kirjoi-tusten sanoman pohjalta, lisäävät niiden sisältöön oman kokemuksensa suloisuuden ja jakavat niiden sisältämät totuudet meille muodossa, joka soveltuu omaan aikaamme ja kulttuuriimme.

Äidin sanat kertovat samsaran (syntymän, kuoleman ja jälleensyntymän kiertokulun) valtamereen hukkuvalle nykyajan ihmiselle, kuinka hän voi maistaa ikuisen autuuden nektaria. Ne valaisevat tietämme ja ohjaavat erehtymättömästi meitä jokaista haparoidessamme materialismin harhan pimeydestä takaisin kohti sisäisen Itsen asumusta.

Katsokaamme elämäämme. Emme ole ainoastaan unohtaneet elämän korkeinta päämäärää, vaan myös kadottaneet todellisen tiedon saavuttamiseen vaadittavat ulkoiset olosuhteet. Jotta voisimme herättää henkisyytensä menettäneen nyky-yhteiskunnan, on tärkeää uudistaa käytännön perhe-elämän sääntöjä ja antaa ohjeita, jotka opastavat meitä korkeimman totuuden oivaltamiseen.

Sen, joka järjestää elämänsä Äidin neuvojen mukaisesti, ei tarvitse vaeltaa kauas onnea etsimään. Onni tulee etsimään häntä. Äiti on antanut rakkaudellisella viisaudellaan lapsilleen elämää varten yksinkertaisia sääntöjä, joissa yhdistyvät sadhana (henkiset harjoitukset), toisten palveleminen ja Jumalalle antautuminen.

Me voimme pitää hänen sytyttämänsä kirkkaan liekin palamassa sydämemme sisäisessä pyhätössä ainoastaan lisäämällä siihen päivittäin henkisten harjoitusten öljyä. Rukoilkaamme Äitiä auttamaan meitä, jotta voisimme

Amman neuvoja arkielämää varten

tehdä oman pienen osamme ja tuoda valoa tähän pimeyteen vajonneeseen aikaamme.

Lapsilleni

Lapset,
Tämä kehomme ei ole ikuinen. Sen olemassaolo voi päättyä milloim hyvänsä. Olemme syntyneet ihmiseksi lukuisten muiden syntymien jälkeen. Jos hukkaamme tämän inkarnaatiomme elämällä eläimen lailla, joudumme syntymään jälleen eläimek-si, ennenkuin voimme saavuttaa uuden syntymän ihmisenä. Tänä päivänä sisällämme on erilaisia mielihaluja. Ei ole mitään hyötyä kamppailla niiden toteuttamiseksi. Lopulta, kun emme kykene toteuttamaan niitä, hukkaamme kaiken aikamme surien ja menettäen terveytem-me. Tarvitsemme mielenrauhaa. Se on suurin rikkautemme.

Lapset, älkää luulko, että mielenrauhan voi saavuttaa maallisen vaurauden avulla. Ihmiset rakentavat ilmastoituja asuntoja ja tekevät niissä itsemurhia. Länsimaissa vallitsee korkea materiaalinen elintaso. Kaikista

Ikuinen valo

mukavuuksista huolimatta ihmisillä ei kuitenkaan ole hetkenkään rauhaa. Onnellisuus ja suru ovat riippuvaisia omasta mielestämme, eivät ulkoisista tekijöistä. Taivas ja helvetti ovat täällä maan päällä. Jos ymmärrämme kunkin aineellisen asian merkityksen ja käyttökelpoisuuden elämäs-sämme ja elämme tämän ymmärryksen mukaan, meillä ei ole syytä suruun. Tieto, joka opettaa meille kuinka elää täällä maan päällä, kuinka viettää tyytyväistä elämää vastoinkäymisten keskellä, on henkistä tietoa, mielen tietoa. Se meidän pitäisi hankkia ensimmäiseksi. Tuntiessamme kaikkien elämässämme olevien asioiden hyvät ja huonot puolet, me valitsemme sen polun, joka antaa ikuisen ilon. Vain pyrki-mällä kohti Itseoivallusta voimme nauttia ikuisesta autuudesta.

Älkää luulko, että vanhempamme, lapsemme tai sukulaisemme ovat luonamme ikuisesti. He ovat kanssamme korkeintaan kuoleman hetkeen asti. Huomatkaa kuitenkin, että elämämme ei pääty vain kuudenkymmenen tai kahdeksankymmenen maallisen elinvuoden jälkeen. Meillä on elettävänä vielä monia elämiä. Aivan kuten säästämme rahaa pankkiin elämän aineellisia tarpeita varten, meidän tulisi kerätä ikuista vaurautta silloin, kun kehomme ja mielemme ovat vielä hyvässä kunnossa. Tämän me voimme tehdä toistamalla Jumalan nimeä ja tekemällä oikeudenmukaisia tekoja.

Saatamme toimia sadassa asiassa oikein, mutta yhden väärän teon vuoksi ihmiset hylkäävät meidät. Jumala kuitenkin hyväksyy meidät yhdenkin hyvän teon ansiosta, vaikka olisimme tehneet sata vääryyttä. Kiinnit-tykää lapset siksi ainoastaan Jumalaan. Omistakaa kaikki hänelle. Kun lapset ovat kasvaneet aikuisiksi, menneet naimisiin ja kykenevät olemaan itsenäisiä, vanhempien tulisi elää elämäänsä ajatellen Jumalaa ja toimien jumalallisesti. Vanhemmat voivat, mikäli mahdollista, viettää lopun elämänsä *ashramissa* (*gurun* tai henkisen mestarin johtamassa henkisessä yhteisössä). Jos jatkamme huolen kantamista lapsistamme, siitä emme hyödy me eivätkä lapsemme. Jos sen sijaan vietämme päivämme muistaen Jumalaa ja toistaen hänen nimeään, hyötyy perheemme siitä aina seitsemänteen polveen asti.

Lapset, meidän tulisi rukoilla Jumalaa täydellisesti antautuen ja elää elämämme tuntien Hänet. Jos turvaudumme Jumalaan, saavutamme Hänet ja kaiken mitä tarvitsemme. Meiltä ei tule puuttumaan mitään. Jos osoitamme ystävyyttä palatsin keittiön varastonpitäjälle, voimme saada kurpitsan. Jos sen sijaan miellytämme kuningasta, kaikki aarrekammion rikkaudet ovat mei-dän. Jos saamme maitoa, voimme saada myös jogurttia, piimää ja voita. Vastaavasti jos turvaudumme Jumalaan, Hän täyttää sekä henkiset että aineelliset tarpeemme. Kiintymys Jumalaan tuo hyvinvointia niin meille, perheellemme kuin yhteiskunnallekin.

Amman neuvoja arkielämää varten

Lapset, elämässä tulisi vallita järjestys ja kurinalaisuus. Vain silloin voimme nauttia sisällämme olevasta autuudesta olematta riippuvaisia ulkoisista asioista. Ajatelkaa, kuinka paljon ponnistelemme läpäistäksemme tentin tai saadaksemme työpaikan! Saavuttaaksemme ikuisen autuuden olemme kuitenkin vasta äsken alkaneet ponnistella itsetuntemuksen eteen. Meidän tulisikin käyttää jäljellä oleva aikamme tähän tarkoitukseen. Lapset, toistakaa *mantraanne* lakkaamatta. Harjoittakaa *sadhanaa* (henkisiä harjoituksia) päivittäin yksinäisyydessä säännönmukaiseen aikaan. Menkää silloin tällöin *ashramiin* ja viettäkää siellä aikaa hiljaisuudessa *japaa* tehden ja meditoiden. Tehkää niin paljon epäitsekästä työtä maailman hyväksi kuin aika ja olosuhteet antavat myöten.

Tämän maailman olemassaolo on rakkaudessa. Jos me menetämme rytmimme, luonto menettää omansa. Ilmakehä myrkyttyy. Se ei enää ole otollinen siementen itämiselle, puiden ja eläinten kasvulle. Sadot epäonnistuvat. Sairaudet moninkertaistuvat. Sateet vähenevät. Tulee kuivuuksia. Rakastakaa lapset siksi toisianne! Antakaa luonnolle oikeudenmukaisuutta, rakkautta ja muita hyviä ominaisuuksia. Älkää hautoko mielessänne vihaa tai kateutta ketään kohtaan. Nähkää hyvää jokaisessa. Älkää koskaan puhuko pahaa toisista. Nähkää kaikki saman äidin lapsina ja rakastakaa heitä sisarinanne ja veljinänne. Luovuttakaa kaikki tekonne Jumalalle ja antakaa Hänen tahtonsa vallita kaikessa.

Lapset, jos joku kysyy elämäntavas-tamme, meidän tulisi vastata tähän tapaan: "Eikö kukin meistä toimi oman rauhansa ja onnellisuutensa eteen? Meille tämä elämäntapa tuo mielenrauhan. Miksi kyseenalais-taisit meidän perusarvojamme? Etsit onnelli-suutta kaikkialta. Katso kuinka paljon rahaa käytät ylellisyyksiin, huumaaviin aineisiin ja muihin asioihin, joita

Amman neuvoja arkielämää varten

et todella tarvitse! Miksi menettäisit mielenrauhasi siitä, että menemme ashramiin ja osoitamme kiinnos-tusta henkisiin asioihin?" Meidän tulisi kehittää rohkeus puhua tällä tavoin avoimesti. Älkää olko arkoja. Olkaa pelottomia. Meidän tulisi elää raviten sisällämme olevaa henkistä perintöä.

Ei ole tarvetta tuntea minkäänlaista häpeää siitä, että elää henkistä elämää. Häpeä tuo vain menetyksen tunteen. Sanokaa avoimesti: "Olemme valinneet henkisen polun saavuttaaksemme rauhan. Mutta emmekö edelleen rakenna taloja, mene naimisiin ja tee työtä erilaisissa tehtävissä? Saavutamme rauhan valitsemamme polun kautta. Tavoit-teemme on mielenrauha, ei vapautus tai taivas, jonka saamme kuoleman jälkeen. Tunnetko *sinä* itsesi rauhalliseksi?"

Noustuamme laivaan tai linja-autoon meidän ei enää tarvitse jatkaa matkatavaroiden kantamista. Lapset, luovuttakaa kaikki

Jumalalle. Jos elämme elämäämme näin antautuen, vapaudumme surusta. Hän tulee aina puolustamaan ja varjelemaan meitä.

– Amma

Henkinen elämä

Lapset, jokaisen tulisi pyrkiä heräämään ennen kello viittä aamulla. Paras aika henkisille harjoituksille kuten meditaatiolle ja Jumalan nimen toistamiselle on *Brahma muhurta* (ajanjakso aamukolmen ja kuuden välillä). Tänä aikana *sattviset* (seesteiset) ominaisuudet ovat vallalla luonnossa. Lisäksi mieli on kirkas ja keho energinen. Nukkumaan jääminen auringonnousun jälkeen ei ole koskaan hyvä tapa. Meidän ei tulisi jäädä vuoteeseen herättyämme, se lisää laiskuutta ja tylsämielisyyttä. Ne jotka eivät voi vähentää unensa määrää nopeasti, voivat tehdä niin asteittain. Ne jotka harjoittavat säännöllisesti sadhanaa, eivät tarvitse paljon unta.

Noustessamme aamulla meidän tulisi nousta oikealle puolellemme. Kuvittele, että rakastamasi jumala tai guru seisoo edessäsi ja kumarru hänen jalkojensa juureen. Sitten voimme meditoida sängyllä istuen vähintään viisi minuuttia. Rukoile kaikesta sydämestäsi: "Rakas Jumala, anna minun tänään muistaa Sinut lakkaamatta. Anna jokaisen ajatukseni, sanani ja tekoni tuoda minut lähemmäksi Sinua! Älä salli minun loukata ketään ajatuksin, sanoin tai teoin! Ole kanssani jokaisena hetkenä!"

Lapset, varatkaa vähintään puoli tuntia aamusta ja illasta henkisiin harjoituksiin. Aamupesun jälkeen koko perheen tulisi istua yhdessä palvelemaan Jumalaa. Archanaa (resitaatiota) voidaan harjoittaa toistamalla Jumalallisen Äidin tai valitsemamme juma-luuden sataakahdeksaa tai tuhatta nimeä. Voimme tuolloin toistaa myös mantraamme, meditoida tai laulaa Jumalaa ylistäviä lauluja.

Amman neuvoja arkielämää varten

Mitä teemmekään, meidän tulisi huolehtia, että ajatus Jumalasta on elävänä meissä. Istuutuessamme tai noustessamme ylös meidän tulisi aina kumartua maahan sillä paikalla. On hyvä opetella pitämään työssä käyttämiämme kyniä, kirjoja, vaatteita, astioita ja työkaluja jumalallisen läsnäolon läpäiseminä ja käyttää niitä huolellisesti ja kunnioittaen[1]. Tämä auttaa pitämään ajatuksen Jumalasta elävänä niin kehossamme, mielessämme kuin ympäröivässä ilmapiiris-säkin. Seuratessaan tekojamme myös muut innoittuvat seuraamaan tätä tottumusta.

---

[1] Intiassa on tapana koskettaa esinettä kunnioituksen merkiksi oikean käden keskisormella ja nimettömällä ja koskettaa sen jälkeen otsaa, silmiä tai sydäntä.

Ikuinen valo

Lapset, meidän tulisi tavatessamme tervehtiä toisiamme Jumalan muistamista herättävin sanoin, kuten esimerkiksi Om Namah Shivaya, Hari Om tai Jai Ma. Opettakaa lapset tekemään samoin. Om Namah Shivaya tarkoittaa varsinaisesti "Tervehdys suosiolliselle". Kohottaessamme vain toisen kätemme sanoaksemme "hei, hei" osoitamme eleellämme olevamme kulkemas-sa eroon toisistamme, kun taas liittämällä kämmenemme yhteen ja kumartamalla sydämemme lähentyvät toisiaan.

Käyttäkää niin työpaikalla kuin muuallakin vapaaksi jäävä aika hyödyksi toistamalla mantraa ja lukemalla henkisiä kirjoja. Välttäkää tarpeettomaan rupatteluun ryhty-mistä ja pyrkikää puhumaan henkisistä aiheista muiden kanssa. Pysykää hinnalla millä hyvänsä poissa huonosta seurasta.

Päiväkirjan kirjoittaminen joka ilta ennen vuoteeseen menoa on hyvä tapa. Voimme kirjata päiväkirjaan, kuinka paljon aikaa olemme omistaneet sadhanalle. Päiväkirjaa tulisi pitää tavalla, joka auttaa meitä näkemään virheemme ja korjaamaan ne. Sen ei tulisi olla pelkkä todistuskappale toisten ihmisten virheistä päivittäisessä kanssakäymisessämme.

Meidän tulisi meditoida juuri ennen nukkumaan menoa vähintään viisi minuuttia sängyllä istuen ja sen jälkeen kumartua valitsemamme jumaluuden tai gurumme eteen. Näin tehdessämme voimme kuvitella, että pitelemme tiukasti Jumalamme tai gurumme jalkoja, ja voimme rukoilla kaikes-ta sydämestämme: "Rakas Jumala, annathan anteeksi kaikki vääryydet, jotka olen tänään tietoisesti tai tietämättäni tehnyt. Anna minulle voimaa olla toistamatta näitä virheitä." Voimme kuvitella, että makaamme pää mielijumaluutemme tai gurumme sylissä tai jaloilla tai voimme kuvitella jumaluutemme istumaan vierellemme. Vaipukaamme uneen mantraa toistaen. Näin tekemällä säilytäm-me Jumalan muistamisen katkeamattomana unen aikana. Myös lasten tulisi oppia tämä tapa. Heidän tulisi noudattaa säännöllistä aikataulua nukkumaan menon ja heräämisen suhteen.

Lapset, on hyväksi noudattaa kahden tunnin hiljaisuutta päivittäin. Henkistä kehitystämme edistää suuresti myös, jos voimme noudattaa hiljaisuutta yhden päivän ajan joka viikko. Saatamme kysyä, "Eikö mielessä ole ajatuksia silloinkin, kun noudatamme ulkoista hiljaisuutta?". Ajatelkaa padottua vettä. Vedessä on aaltoja, mutta vettä ei valu lainkaan hukkaan.

Amman neuvoja arkielämää varten

Kun noudatamme hiljaisuutta, menetämme energiaamme mahdollisimman vähän, vaikka ajatuksia liikkuisikin edelleen mielessämme. Nimenomaan puhumalla menetämme suuren osan elinvoimastamme. Alati kujertavan kyyhkysen elinaika on lyhyt, kun taas vaitelias kilpikonna elää pitkään. Jumalan nimien toistaminen (resitoiminen) ei ole este vaiteliaisuuslupaukselle. Hiljaisuus on maallisten ajatusten ja puheen välttä-mistä.

Sadhakalla (hänellä, joka rekee henkisiä harjoituksia) ei ole aikaa antautua rupatteluun. Hänestä ei myöskään tunnu hyvältä puhua kenellekään karkealla tavalla. Ne, jotka aina etsivät muista virheitä, eivät voi kasvaa henkisesti. Älkää vahingoittako ketään ajatuksin, sanoin tai teoin. Olkaa myötätuntoisia kaikkia olentoja kohtaan. Ahimsa (väkivallattomuus) on korkein dharma (velvollisuus).

Ikuinen valo

Lapset, meidän tulee pyrkiä tuntemaan kunnioitusta kaikkia suuria mestareita, munkkeja ja guruja kohtaan. Jos he tulevat kotiimme, meidän tulisi ottaa heidät vastaan asianmukaisella kunnioituksella ja nöyryydellä. Tulemme heidän siunauksensa arvoisiksi vain nöyryytemme, omistautumisemme ja uskomme kautta, emme ylvästelyn ja prameilun kautta emmekä vain noudattamalla perinteisiä rituaaleja.

Lapset, älkää kuunnelko niitä, jotka puhuvat pahansuovasti mestareista ja pyhimyk-sistä. Älkää koskaan kuunnelko halventavaa puhetta kenestäkään tai antautuko itse sellaiseen puheeseen. Hautoessamme mielessämme kielteisiä ajatuksia toisista oma mielemme tulee epäpuhtaaksi.

Amman neuvoja arkielämää varten

Varaa päivittäin aikaa hengellisten kirjojen lukemiseen. Tämä on myös yksi satsangin (pyhän seuranpidon) muoto. Pidä saatavillasi päivittäistä lukemista varten gurusi opetuk-sia taikka Bhagavad-Gitan, Ramayanan, Bhagavatamin, Raamatun tai Koraanin kaltainen kirja. Paina mieleesi vähintään yksi jae siitä päivittäin. Lue lisäksi muita hengellisiä kirjoja, kun aika antaa myöten. Suurten mestareiden elämäkertojen ja opetusten lukeminen auttaa meitä vahvista-maan maallisesta luopumisen henkeä ja ymmärtämään henkisiä periaatteita. On hyvä tehdä muistiinpanoja kirjaa lukiessa tai henkistä luentoa kuunnellessa. Tällaiset muistiinpanot hyödyttävät meitä varmasti tulevaisuudessa.

Lapset, rukoilkaa hyvää kaikille. Meidän tulisi rukoilla Jumalaa antamaan puhdas mieli jopa niille, jotka vahingoittavat meitä. Ei ole mahdollista nukkua rauhallisesti, kun naapuristossa liikkuu varas. Rukoillessamme toisten hyvinvoinnin puolesta saavutamme itse rauhaa ja tyyneyttä. Lapset, mantraa "*Lokaha samastaha sukhino bhavantu* (Olkoon koko maailma onnellinen!)" tulisi toistaa vähin-tään kerran päivässä.

Olkoon elämämme juurtunut tukevasti totuuteen. Pidättykää valheista. Tänä materialismin pimeänä aikakautena (*Kali-yuga*) totuudessa pysyminen on mitä ankarin pidätty-vyysharjoitus. Saatamme joutua joskus valehtelemaan suojellaksemme jotakuta tai pitääksemme yllä *dharmaa*, mutta meidän tulee huolellisesti välttää valehtelemasta itsekkäiden päämääriemme vuoksi.

Amman neuvoja arkielämää varten

Sydämemme on pyhäkkö, Jumala tulisi asettaa sinne. Hyvät ajatuksemme ovat Hänelle annettavia kukkia. Hyvät teot muodostavat jumalanpalveluksemme, hyvät sanat hymnimme, ja rakkaus on uhrilahjamme Jumalalle.

Jumalan silmin katsottuna ei ole sisä-puolta eikä ulkopuolta. Äiti kuitenkin kehottaa alussa kaikkia meditoimaan Juma-laa sydämessämme, jotta saavuttaisimme keskittymisen.

Lapset, meditaatio ei ole vain istumista silmät suljettuina. Meidän tulisi pitää jokaista tekoamme Jumalan palvelemisena. Meidän tulisi kyetä tuntemaan Hänen läsnäolonsa kaikkialla.

Suhtautukaa radioon, televisioon ja elokuviin harkiten. Katsokaa vain ohjelmia, jotka lisäävät tietoamme ja sivistystämme. Televisio on 'televisham' ('visham' tarkoit-taa Amman äidinkielessä malajalamissa myrkkyä). Jos emme ole varovaisia, se voi turmella kulttuurimme, vahingoittaa silmi-ämme ja hukata aikamme.

Se, mitä tarvitsemme, on mielenrauha. Voimme saavuttaa sen ainoastaan mielen hallinnan avulla.

Meidän tulisi antaa anteeksi ja unohtaa toisten puutteet. Viha on jokaisen henkisen oppilaan vihollinen. Vihan myötä menetämme voimaa kehon jokaisen huokosen kautta. Olosuhteissa, joissa mielemme on vaarassa tulla vihaiseksi, meidän tulisi hillitä itsem-me ja päättää vakaasti: "Ei". Voimme mennä syrjäiseen paikkaa ja toistaa mantraamme. Mieli tyyntyy itsekseen.

Lapset, naimattomien tulisi säilyttää elinvoimansa elämällä selibaatissa. Jotta voisimme muuntaa *ojasiksi* eli henkiseksi energiaksi sen, mitä selibaatilla saavutamme, meidän tulee harjoittaa myös *sadhanaa* (henkisiä harjoituksia). *Ojasin* lisääntyessä myös älykkyytemme, muistimme, terveytem-me ja kauneutemme kohenee. Saavutamme kestävän mielen hiljaisuuden.

Kehitys ei ole mahdollista ilman kurinalaisuutta. Kansakunta, instituutio, perhe tai yksilö voi menestyä vain ottamalla huomioon kunnioituksen ansaitsevien ihmisten sanoista ja noudattamalla soveltuvia sääntöjä ja määräyksiä. Lapset, kuuliaisuus ei ole heikkoutta. Kuuliaisuus yhdistettynä nöyryyteen johtaa kurinalaisuuteen.

Ikuinen valo

Siemen on ensin haudattava maahan, jotta se voisi ilmentyä todellisessa muodossaan kasvina. Vain vaatimattomuuden ja nöyryy-den avulla voimme kasvaa. Ylpeys ja oma-hyväisyys vain tuhoavat meidät. Eläkää pitäen vakaasti mielessänne: "Minä olen jokaisen palvelija." Silloin koko maailman-kaikkeus kumartuu edessämme.

Mitä merkitystä elämällämme onkaan, jos emme voi varata vähintään yhtä tuntia vuorokaudessa Jumalan ajattelemiseen. Ajatelkaa kaikkia niitä tunteja, jotka olemme käyttäneet sanomalehden lukemiseen, rupatteluun ja kaikenlaiseen turhuuteen! Lapset, voimme varmasti käyttää tunnin *sadhanaan*. Se on todellista vaurautta. Jos emme voi varata tuntia yhtäjaksoisesti, käyttäkäämme puoli tuntia aamusta ja jälleen puoli tuntia illasta.

Meditaatio lisää elinvoimaisuuttamme ja vahvistaa älyämme. Tulemme kauniimmaksi ja mielemme tarkkuus ja terveys kohentuvat. Saamme käyttöömme mielenlujuutta ja kärsivällisyyttä elämän vaikeuksien kohtaa-miseen. Meditoikaa! Ainoastaan meditaation avulla voimme löytää etsimämme aarteen.

Lapset, joogaliikkeiden tai *suryanamaskaran* (aurinkotervehdyksen) tekeminen päivittäin on erittäin hyväksi sekä terveydelle että henkisille harjoituksille. Riittävän liikunnan puute on syynä moniin tämän päivän sairauksista. Kulkekaamme aina aikataulun salliessa jalan sen sijaan, että käyttäisimme kulkuneuvoa. Vain pitkillä matkoilla meidän tulisi turvautua kulkuneuvoihin. Käyttäkää polkupyörää aina kun se on mahdollista. Näin säästätte myös rahaa.

Lapset, meidän tulisi silloin tällöin vierailla orpokodeissa, sairaaloissa ja köyhien kodeissa. Meidän tulisi ottaa perheemmekin mukaan ja tarjota apua ja huolenpitoa näille ihmisille. Rakkaudellinen ja huolehtiva sana antaa heille enemmän lohdutusta kuin mikään rahasumma. Tämä myös avartaa sydäntämme.

Pyri viettämään vähintään kaksi tai kolme päivää kuukaudessa ashramissa. Jo yksinomaan ashramin puhtaan ilmapiirin hengittäminen puhdistaa ja vahvistaa niin kehoamme kuin mieltämmekin. Kotiin palattuamme kykenemme jatkamaan meditaatiota ja mantran toistamista aivan kuin paristom-me olisivat latautuneet.

Archana

(Jumalallisten nimien lausuminen)

Perheenjäsenten tulisi aamulla suihkun jälkeen kokoontua yhteen *archanaa* varten (jumalanpalvelus, jossa lausutaan Jumalan nimiä). Jos kaikki eivät voi osallistua, *archanan* voi suorittaa yksinkin. Jos olosuh-teet eivät salli suihkussa tai kylvyssä käymistä, peskää vähintään kädet ja kasvot, mutta älkää luopuko päivittäisestä *archa-nasta*.

Joillakin naisilla on enemmän kielteisiä ajatuksia kuukautisten aikana. Onkin sitä tärkeämpää toistaa *mantraa* niiden aikana. Intiassa on tapana, että naiset eivät ota osaa yhteiseen jumalanpalvelukseen niinä päivinä. He voivat toistaa *mantraansa* sivummalla tai suorittaa *archanan* yksikseen. Jotkut uskovat, ettei naisten tulisi toistaa Devin (Jumalallisen Äidin)

tuhatta nimeä tänä aikana, mutta Amma vakuuttaa, ettei siinä ole mitään väärää. Naiset voivat lausua jumalallisen äidin tuhatta nimeä (*Lalita Sahasranamaa*), sillä Jumalallinen Äiti kuuntelee ainoastaan sydämen ääntä.

Sikäli kuin mahdollista, kenenkään kotona olevan ei tulisi nukkua *archanan* aikana. Jos tunnemme itsemme uneliaiksi jumalanpalveluksen aikana, meidän tulisi nousta ylös ja jatkaa seisaaltamme. Lapset, älkää unohtako, että rakastamamme jumaluus on hienoaineisessa muodossaan läsnä siellä missä *archanaa* suoritetaan. Ei ole sopivaa nousta ylös ja lähteä tai keskustella muista asioista *archanan* aikana.

On hyvä asettaa rakastamamme Jumalan kuva eteemme *archanan* ajaksi. Meditoikaa viisi minuuttia ennen palveluksen aloittamista. Nähkää rakastamanne jumaluus mieles-sänne kirkkaasti, ensin päästä jalkoihin ja vielä uudestaan jaloista päähän asti. Meidän tulisi kuvitella, että Jumala tulee sisältäm-me, sydämemme lootuskukasta ja istuutuu Hänelle varatulle paikalle edessämme. Meidän tulisi jokaista *mantraa* lausues-samme kuvitella uhraavamme kukkia Juma-lamme jalkojen juureen. Nähkää mielessänne sydämes-sänne täydessä kukassa oleva puu, ja kuvitelkaa poimivanne ja uhraavanne valkoisia kukkasia tästä puusta. Aina kun oikeita kukkia ei ole saatavilla tai niitä ei ole riittävästi, voimme harjoittaa *archanaa* tällaisilla sydämemme henkisillä kukkasilla (*Manasa pushpam*). Tällaiset antaumuksel-lisesti uhratut kukkaset ovat Jumalalle rakkaimmat. Sydämen kukkasia ovat nöy-ryys, omistautuminen ja antautuva asenne.

Meidän tulisi uhrata Jumalalle se, mikä sitoo meitä eniten tai on meille rakkainta. Eikö äitikin anna lapselleen sen, mikä hänestä on parasta?

Pienen määrän *pranayamaa* (hengitys-harjoituksia) harjoittaminen ennen *archanaa* helpottaa keskittymisen saavuttamista. Istu selkä suorana, sulje oikea sierain ja hengitä sisään vasemman sieraimen kautta, sitten sulje vasen sierain ja hengitä ulos oikean sieraimen kautta. Sen jälkeen hengitä sisään oikean sieraimen kautta ja ulos vasemman sieraimen kautta. Tämä on yksi kierros *pranayamaa*. Tämän voi tehdä kolme kertaa. Hengittäessämme sisään meidän tulisi nähdä mielessämme, kuinka kaikki hyvät ominaisuudet täyttävät meidät. Hengittäes-sämme ulos kuvittelemme, että kaikkien kielteisten ominaisuuksien, pahojen ajatus-ten ja huonojen *vasanoiden* (taipumusten) tuottama pimeys jättää meidät.

Ikuinen valo

Kukkien sijasta voidaan archanaa varten käyttää akshataa eli kuorittua kokojyväriisiä, joka on pesty ja kuivattu ja johon on sekoitettu hyppysellinen kurkumajauhetta ja yksi tai kaksi tippaa kirkastettua voita (*gheetä*). *Archanan* jälkeen tämä voidaan kerätä ja lisätä keitettävän viljan tai riisin sekaan.

Kun *archanaa* harjoitetaan ryhmässä, tulisi yhden henkilön lausua *mantra* ensin ja muiden tulisi toistaa se. *Mantrat* tulisi lausua hitaasti, selvästi ja antaumuksella.

Alussa kaikki eivät ehkä kykene toistamaan selvästi kaikkia mantroja Lalita Shasranamassa (Jumalallisen Äidin tuhan-nen nimen kokoelmassa). Tässä tapauksessa muut voivat vastata yhdellä ainoalla *mant-ralla*. *Lalita Sahasranamaa* luettaessa vas-taus voi kuulua "*Om*

Parashaktyai Namaha" tai "*Om Sivasaktyaikya Rupinyai Namaha*"[2].

Älkää nousko ylös heti *archanan* päätyttyä. Rakastamamme Jumala, joka on ollut sille varatulla paikalla edessämme, tulisi siirtää takaisin sydämeemme. Jatkakaa meditaatiota hetken aikaa siten, että näette Jumalan muodon asettuneena istumaan sydämeenne. On hyvä laulaa kaksi tai kolme kirtania (hengellistä hymniä), mikäli se vain on mahdollista. Lääkeruiskun antamisen jälkeen potilasta yleensä pyydetään lepää-mään hetken aikaa, jotta lääkeaine leviäisi koko kehoon. Samalla tavoin *mantroista* saadaan täysi hyöty, jos pidämme mielemme rauhallisena jonkin aikaa jumalanpalveluk-sen jälkeen.

---

[2] Toistettaessa Amman 108:aa nimeä voivat muut vastata toistamalla Om Amriteswaryai Namaha.

Ikuinen valo

Kumartukaa archanan päätteeksi maahan. Nouskaa sen jälkeen ylös ja pyörikää kolme kertaa myötäpäivään paikallanne, aivan kuin tekisitte pyhän kierroksen temppelissä. Kumartakaa lopuksi Jumalalle.

Archanassa käytetyt kukat voidaan laittaa pihalla puun alle tai johonkin sellaiseen paikkaan, jossa niiden päälle ei astuta.

Lapset, jos voimme tehdä *archanan* Jumalallisen Äidin tuhannella nimellä päivittäin ja antaumuksella, kasvamme henkisesti. Perheessä, joka toistaa *Lalita Sahasranamaa* antaumuksella, ei tule olemaan puutetta elämän välttämättömistä tarpeista, ruuasta ja vaatetuksesta.

Amman neuvoja arkielämää varten

Lapset, meidän tulisi pitää jokaista nimeä rakastamamme Jumalan nimenä. Ajatelkaa, että Hän ilmenee kaikissa näissä eri muodoissa. Jos rakastamamme Jumala on Krishna, voit Jumalallisen Äidin tuhatta nimeä lausuessasi kuvitella, että Krishna on tullut eteemme Devinä (Jumalallisena Äitinä). Meidän ei tulisi ajatella, ettei Krishna ehkä pitäisi siitä, että lausumme Jumalallisen Äidin nimiä. Nämä erot ovat olemassa ainoastaan meidän maailmassamme, eivät Hänen maailmassaan.

Japa

(Mantrojen toistaminen)

Lapset, nykyisenä materialismin pimeänä aikakautena *mantran* toistaminen (*japa*) on helpoin tie sisäisen puhdistumisen ja keskittymisen saavuttamiseksi. *Japaa* voi tehdä milloin ja missä tahansa, mitkään säännöt mielen ja kehon puhtaudesta eivät rajoita tätä. *Japaa* voidaan harjoittaa mitä tahansa tehtävää tehtäessä.

Jos päätämme toistaa *mantraa* tietyn määrän päivittäin, muodostuu siitä vaivattomasti ylläpidettävä tottumus. Meidän tulisi pitää mukanamme rukousnauhaa (*malaa*) *japaa* varten. Rukousnauhassa on 108, 54, 27 tai 18 helmeä, ja se voidaan tehdä *rudrakshasta, tulasista,* kristalleista, santelipuusta, jalokivistä tms. *Malassa* on lisäksi yksi suurempi guruhelmi. Meidän tulisi päättää lausua tietty määrä rukousnauhan

Amman neuvoja arkielämää varten

kierroksia päivittäin. Lapset, meidän tulisi aina toistaa *mantraa* mielessämme kävelles-sämme, matkustaessamme tai tehdessämme työtä. On aina suositeltavaa saada *mantra* Korkeimman Itsen oivaltaneelta *gurulta (Satgurulta)*. Sitä ennen voimme käyttää jollekin jumaluudelle omistettua mantraa kuten *Om Namah Shivaya, Om Namo Bhagavate Vasudevaya, Om Namo Nara-yanaya, Hare Rama Hare Rama Rama Rama Hare Hare, Hare Krishna Hare Krish-na Krishna Krishna Hare Hare, Hari Om, Om Parashaktyai Namaha, Om Shiva-shaktyaikya Rupinyai Namaha* tai myös Kristuksen, Allahin tai Buddhan nimiä.

Pyri toistamaan *mantraa* ilman vähäisintäkään taukoa. Jatka sen toistamista kaikissa toimissasi. *Mantran* toistaminen mielessä ei aina alussa onnistu, joten voit aluksi harjoittaa *japaa* liikuttamalla huuliasi lakkaamatta, kuin kala vedessä. Jos pidät yllä *japaa* työn aikana, tarpeettomaan puhumiseen ei jää mahdollisuutta. Mieli pysyy jatkuvasti rauhallisena. Nykyajan sairaudet ovat suurimmaksi osaksi psykosomaattisia. *Japa* antaa hyvän terveyden niin mielelle kuin kehollekin.

Jos mantran toistaminen ei ole mahdollista tietyn tehtävän aikana, rukoile ennen tehtävään ryhtymistä: "Herra, anna siunauk-sesi, jotta voin tehdä tämän työn Sinua miellyttävällä tavalla!". Lopuksi rukoilemme jälleen Jumalaa antamaan anteeksi ne virheet, jotka tietäen tai tietämättämme olemme mahdollisesti tehneet työn kuluessa.

Jos matkustaessamme kadotamme rahamme, kuinka kiihkeästi niitä etsimmekään! Jos vastaavasti olemme pienenkin hetken estyneitä tekemästä *japaa*, meidän tulisi murehtia: "Oi Herra, olen hukannut niin paljon aikaa!". Kun tunnemme näin suurta hätää, ei edes nukkumiseen käyttämämme aika mene hukkaan.

Lapset, vaikka menettäisimme miljoona dollaria, voimme saada sen vielä takaisin. Jos hukkaamme yhden sekunnin, emme voi saada sitä takaisin. Jokainen hetki, jona emme muista Jumalaa, on menetetty.

On hyvä tapa kirjoittaa vähintään yksi sivu *mantroja* päivittäin. Monet saavuttavat paremman keskittymisen kirjoittamalla kuin toistamalla *mantraa*. Yrittäkää saada myös lapset toistamaan tai kirjoittamaan siististi *mantroja*. Kirjoittaminen parantaa myös heidän käsialaansa. Kirjan, johon *mantrat* on kirjoitettu, ei tulisi lojua kuljeksimassa vaan se tulisi säilyttää huolellisesti meditaatiohuoneessamme tai pyhäkössämme.

Temppelit

Lapset, temppeleissä voimme ainakin hetkeksi sytyttää Jumalan muistamisen valon sydämeemme, joka muutoin on täysin maallisten askareiden täyttämä. Meidän ei kuitenkaan tulisi jäädä temppelirituaalien sitomaksi lopuksi ikäämme. Jos voimme meditoida ja harjoittaa *japaa* päivittäin yksinäisyydessä, mikään ei voi meitä vahingoittaa, vaikka emme kävisikään temppelissä. Vaikka toisaalta kävisimme koko ikämme temppelissä, se ei voi meitä auttaa, jos emme kykene kiinnittämään Jumalaa vakaasti sydämeemme.

Älkää menkö tyhjin käsin temppeliin tai tapaamaan henkistä mestaria. Uhratkaa jotakin antautumisen merkiksi, vaikka vain kukkasen.

Ikuinen valo

On suuri ero siinä, uhraammeko kaupasta ostetun kukkaseppeleen vai sellaisen, jonka teemme omasta pihastamme poimimistamme kukista. Istuttaessamme kukat, kastellessamme niitä, poimiessamme ne, tehdessämme niistä seppeleen ja viedessämme seppeleen temppeliin ajattelemme yksinomaan Jumalaa. Herra hyväksyy mitä tahansa, joka uhrataan Hänelle syvästi rakastaen. Ostaes-samme seppeleen kaupasta ja viedessämme sen Jumalaa esittävälle patsaalle on kyseessä vain seremonia, kun taas jälkimmäisessä tapauksessa seppele on puhtaan antaumuksen ja rakkauden merkki.

Lapset, mennessämme temppeliin mei-dän ei pitäisi kiirehtiä *darshaniin*, uhrata jotakin ja palata nopeasti takaisin kotiin. Meidän tulisi seistä temppelissä jonkin aikaa kärsivällisesti ja ääneti, ja pyrkiä näkemään rakastamamme Jumala sydämessämme. Meidän tulisi istua sitten alas ja meditoida, mikäli mahdollista. Muistakaa kaikissa vaiheissa harjoittaa japaa. Amma ei sano, etteivätkö uhraukset ja jumalanpalvelukset olisi tarpeen, mutta kaikista uhrauksistamme Jumalalle mieluisin on sydämemme!

Lapset, meitä ei kehoteta antamaan uhrilahjaa temppelissä tai *gurun* jalkojen juureen sen vuoksi, että Jumala tai *guru* tarvitsisivat omaisuutta tai mitään muutakaan. Todellinen uhrauksemme on mielen ja älyn antautuminen. Kuinka se sitten voidaan saavuttaa? Emme voi antaa mieltämme uhrina sellaisenaan, vaan ainoastaan niitä asioita, joihin mielemme on kiinnittynyt. Tänä päivänä mielemme on takertunut rahaan ja muihin maallisiin asioihin. Asettamalla niihin liittyvät ajatuksemme Herran jalkojen juureen uhraamme hänelle sydämemme. Tämä on hyväntekeväisyyden taustalla oleva periaate.

Jotkut uskovat, että Shiva on vain Kashivuorella ja että Krishna on vain Brindavassa. Lapset, älkää ajatelko, että Jumala olisi kahlittu temppelin neljän seinän sisäpuolelle tai johonkin tiettyyn paikkaan. Hän on kaikkivoipa ja kaikkialla läsnäoleva. Hän voi ottaa minkä tahansa haluamansa muodon. Meidän tulisi nähdä rakastamamme Jumala kaikessa. Todellinen rakkaudellisuus on kykyä nähdä rakastamamme Jumalan muoto ei ainoastaan temppelissä vaan yhtä lailla jokaisessa elävässä olennossa ja palvella näitä sen mukaisesti. Jos rakastamamme jumaluus on Krishna, meidän tulisi nähdä Krishna joka puolella ja jokaisessa temppelissä olivatpa ne sitten Shivalle tai Deville omistettuja. Lapset, älkää luulko, että Shiva saattaisi olla vihainen, jos emme

Amman neuvoja arkielämää varten

palvo häntä Shivalle omiste-tussa temppelissä tai että Jumalallinen Äiti lakkaisi antamasta siunauksiaan, jos emme ylistä häntä käydessämme Deville omiste-tussa temppelissä. Yhtä ja samaa henkilöä kutsuvat hänen vaimonsa "aviomieheksi", hänen lapsensa "isäksi" ja hänen sisarensa "veljeksi". Henkilö ei muutu toiseksi, vaikka eri ihmiset puhuttelisivatkin häntä eri tavoin. Kukin meistä näkee Jumalan tietyllä tavalla ja nimeää Hänet synnynnäisten taipumustensa ja mielikuvituksensa mukaan. Emmekö aina käytäkin samaa nimeä tietystä henkilöstä? Samalla tavoin tarvitsemme myös Jumalalle rakastamamme nimen ja muodon. Saatamme kysyä: "Vastaako Kesha-va, kun kutsumme häntä Madhavaksi?" Jumalaa kutsuessamme emme kuitenkaan kutsu tavallista ihmistä. Me kutsumme kaikkivoipaa Herraa. Hän tuntee ajatuk-semme. Hän tietää, että puhuttelemme Häntä käytimmepä mitä nimeä tahansa.

Ikuinen valo

Lapset, me saatamme mennä temppeliin, tehdä kunnioittavan kierroksen kaikkein pyhimmässä ja asettaa uhrilahjamme kolehtilippaaseen. Jos kuitenkin ulos mennessämme potkaisemme kerjäläistä niin missä on rakkaudellisuutemme? Myötätunto köyhiä kohtaan on velvollisuutemme Jumalaa kohtaan. Äiti ei sano, että meidän tulisi antaa rahaa jokaiselle kerjäläiselle joka istuu temppelin edustalla, mutta älkää halveksiko heitä. Rukoilkaa myös heidän puolestaan. Kun vihaamme toisia, tulee oma mielemme epäpuhtaaksi. Kaikkien näkeminen tasa-arvoisena on jumalallista.

Temppeleissä järjestettävien festivaalien tavoitteena on tavallisten ihmisten henkinen ja kulttuurellinen herääminen. Nykyisin festivaaleilla järjestettävä ohjelma ei useinkaan

Amman neuvoja arkielämää varten

vastaa tarkoitustaan. Temppelialueella tulisi järjestää vain sellaista ohjelmaa, joka auttaa hengellisyyttä kasvamaan meissä. Temppelin ilman tulisi värähdellä jumalallisten nimien voimasta. Temppelin pihamaalle astuessamme meidän tulisi luopua kaikesta tarpeettomasta keskustelusta. Mielemme tulisi syventyä täydellisesti Jumalan ajattelemiseen. Lapset, temppelien pyhyyden palauttaminen on kaikkien velvollisuus. Niiden teistä, jotka olette huolissanne henkisestä perinnöstämme, tulisi tämän vuoksi työskennellä temppelitoimikunnissa löytääksenne avun nykyiseen valitettavaan asioidentilaan.

Monet papit ja temppeleiden työntekijät työskentelevät maksua vastaan. Kenenkään ei tulisi arvostella uskontoa tällaisten työntekijöiden virheiden vuoksi. Meidän tulisi laatia sopivia sääntöjä ja määräyksiä estääksemme heitä joutumasta maallisten houkutusten ansaan. Uskonnon todellisia johtavia sieluja ovat ne, jotka tekevät pyyteetöntä palvelustyötä ja omistavat koko elämänsä sille, että saisivat kohdata Jumalan.

Eivätkö juuri ihmiset tee temppelin kuvista eläviä? Jos kukaan ei veistä kiveä, siitä ei tule patsasta. Jos kukaan ei vihi sitä käyttöön temppelissä, se ei saavuta pyhyyttä. Jos jumalanpalveluksia ei pidetä, se ei kerää voimaa. Ilman ihmisen työtä ei voi olla temppeleitä. Mitä väärää on sitten sanoa, että meidän tulisi nähdä suuret mestarit Jumalan vertaisina? Tällaisten suurten mestareiden käyttöön vihkimissä temppe-leissä on oma erityinen energiansa.

Muinaisina aikoina ei ollut temppeleitä. Oli vain gurujen ja heidän opetuslastensa muodostamia katkeamattomia ketjuja. Temppelit ovat heikommille sieluille. Me opetamme sokeita lapsia käyttäen sokeain-kirjoitusta. Voi hyvin kysyä, miksi teemme niin? Miksi emme opettaisi heitä aivan kuten muitakin lapsia? Ei, se ei käy. Niille, jotka eivät näe, opetus on annettava tällä erityisel-lä tavalla. Vastaavasti nykyajan ihmiset tarvitsevat temppeleitä voidakseen virittää mielensä Jumalaan.

Temppeleiden korjaaminen ei merkitse suurten portinpylväiden tai kolehtilaatikoi-den rakentamista. Meidän tulisi sen sijaan keskittyä säännöllisten jumalanpalvelusten järjestämiseen perinteitä noudattaen, säännöllisiin *satsangeihin* (hengellisiin keskuste-luihin), antaumukselliseen laulamiseen ja niin edelleen. Antaumuksemme, hartautem-me ja uskomme antavat temppeleille elämän, eivät rituaalit ja seremoniat. Lapset, meidän tulisi muistaa tämä ollessamme tekemisissä temppeleitä koskevien asioiden kanssa.

Guru

Ashramit ja *gurukulat* (mestarin johtama koulu) ovat hengellisen kulttuurin kantava voima. Jos harjoitamme sadhanaa *gurun* ohjeiden mukaisesti, meidän ei tarvitse mennä mihinkään muualle. Saamme kaiken tarvit-semamme *gurulta*.

Lapset, voimme kasvaa henkisesti ainoastaan, jos näemme *gurun* Jumalan ilmentymänä. Meidän ei tulisi hyväksyä ketään guruksi ennen kuin olemme täysin vakuuttuneita hänen aitoudestaan ja totuudellisuudestaan. Valittuamme jonkun *guruksemme* meidän tulisi antautua hänelle täydellisesti. Vain silloin on henkinen kehitys mahdollis-ta. *Gurulle* omistautuminen merkitsee täydellistä antautumista hänelle.

Ikuinen valo

Lukuunottamatta joitakin harvoja yksilöitä, jotka ovat kehittäneet korkeampia henkisiä taipumuksia edellisten elämiensä aikana, Korkeimman Itsen oivaltaminen ei ole mahdollista ilman *gurun* siunausta. Ajatelkaa gurua Jumalan ilmentymänä tässä maailmassa. Ottakaa *gurun* vähäpätöisinkin sana käskynä ja totelkaa sitä. Tämä on *gurun* todellista palvelemista. Ei ole suurempaa pidättyvyysharjoitusta. Tottelevaiselle opetuslapselle *gurun* siunaus tulee auto-maattisesti.

Guru ei ole rajattu kehoonsa. Rakastaessamme gurua pyyteettömästi emme näe häntä ainoastaan hänen kehossaan, vaan kaikessa elollisessa ja elottomassa. Opetelkaa näkemään kaikki *gurun* kehona ja palvelemaan kaikkeutta sen mukaisesti.

Ashram on Äidin keho. Äidin sielu on hänen lapsissaan. Lapset, kaikki palvelutyö ashramin hyväksi tehdään Äidin parhaaksi. Ashram ei ole kenenkään yksityisomaisuutta. Se on keino tuoda rauhaa ja hiljaisuutta koko maailmalle.

Niiden lasten, jotka saavat mantran Äidiltä, tulisi viettää kurinalaista ja järjestynyttä elämää. Heidän tulisi jättää huonot tottumukset kuten huumeet, tupakointi ja alkoholi. Heidän tulisi noudattaa selibaattia ennen avioliittoa. Avioiduttuaankin heidän tulisi noudattaa Amman ohjeita yhteiselämästä. Lapset, meidän tulisi kertoa kaikki gurullemme emmekä saisi salata häneltä mitään. Opetuslapsen tulisi rakastaa gurua ja olla kiintynyt häneen kuin lapsi äitiinsä. Vain silloin voimme kasvaa henkisesti. Japaa ja meditaatiota tulisi harjoittaa päivittäin jättämättä yhtäkään päivää väliin. Vain käyttämällä mantraamme säännöllisesti voimme hyötyä siitä. Maataloutta koskeva kirjatieto ei yksin riitä, meidän täytyy soveltaa sitä käytäntöön saadaksemme runsaan sadon.

Äidille kaikki ovat hänen lapsiaan. Hänen silmissään yksikään hänen lastensa heikkouksista ei ole vakava. Pitäessämme häntä *guruna* on kuitenkin opetuslasten kasvun kannalta välttämätöntä, että he käyttäytyvät perinteiden mukaisesti. Äiti antaa anteeksi kaikki lastensa virheet, mutta luonnolla on tietyt lainalaisuutensa. Nämä lainalaisuudet tuovat meille rangaistuksen synneistämme. Lapset, meidän tulisi kyetä näkemään kaikki suru ja kärsimys kasvuamme edistävänä tekijänä.

Palvelutyö

Lapset, meidän tulisi yksinkertaistaa elämämme tarpeita ja antaa näin säästyvät varat hyväntekeväisyyteen. Avustakaa esimerkiksi henkisten kirjojen painatusta ja julkaisua, jotta niitä voitaisiin myydä edullisemmin hinnoin. Köyhät ihmiset voivat silloin ostaa ja lukea niitä. Näin voimme auttaa myös heitä harjoittamaan henkisyyt-tä.

Muistakaa varata vähintään yksi tunti päivässä tehdäksenne palvelutyötä muiden hyväksi. Syömämme ruoka ravitsee kehom-me ja harjoittamamme hyväntekeväisyys ravitsee sieluamme. Jos aikaa ei ole tarjolla päivittäin, varaa vähintään muutama tunti viikossa johonkin soveliaaseen palvelu-työhön.

Ikuinen valo

Ei ole hyväksi antaa rahaa kaikille kerjäläisille, antakaa sen sijaan ruokaa ja vaatteita. He saattavat käyttää antamamme rahan väärin esimerkiksi alkoholiin tai huumeisiin. Meidän ei tulisi antaa heille tilaisuutta tehdä virheitä. Yrittäkää nähdä heidät kerjäläisten sijasta itse Jumalana. Kiittäkää Jumalaa siitä, että hän on antanut meille tilaisuuden tehdä palvelutyötä Hänen hyväkseen. On parempi olla antamatta kerjäläisille ruokaa kuin tarjota pilaantu-nutta ruokaa likaisilta lautasilta. Älä anna koskaan mitään halveksien. Rakastavat sanat ja teot ovat parhaita almuja.

Elämäämme liittyvien juhlien kuten nimen antamisen, lapsen ensimmäisen ruoan, koulutuksen aloittamisen, häiden jne. viettäminen temppelissä tai ashramissa ja samassa yhteydessä ruoan ja vaatteiden antaminen niitä tarvitseville tuottaa hyvää onnea. Hääaterian ja koristusten kustannuk-set tulisi pitää niin pieninä kuin mahdollista, jotta säästöt voitaisiin käyttää jonkun köyhän tytön hääkustannuksiin tai jonkun lapsen koulutukseen.

Luopumisesta olisi tultava osa elämäämme. Jos olemme tottuneet ostamaan vuosittain kymmenen uutta asua, pudottakaamme lukua tänä vuonna yhdellä. Vähentäkää seuraavana vuonna vielä toinenkin. Näin voimme rajoittaa vaatekaappimme sisällön siihen, mitä todella tarvitsemme. Kymmenen ihmisen näin säästämä raha riittäisi talon rakentamiseen jollekin tarpeessa olevalle, esimerkiksi vammaiselle tai hyvin köyhälle. Tämä voi vuorostaan rohkaista heitä ryhty-mään opetuslapseksi. Monet myös muuttavat omia tapojaan nähdessään oikeamielisyy-temme ja epäitsekkyytemme. Luopukaa ylellisyyksistä, ei ainoastaan vaatetuksen osalta vaan kaikessa, ja käyttäkää näin säästyneet varat hyväntekeväisyyteen.

Meidän tulisi varata tietty osa tulois-tamme toisten auttamiseen. Jos rahaa ei ole mahdollista antaa suoraan tarpeessa oleville, se voidaan antaa palvelutyötä tekeville ashrameille tai henkisille järjestöille. Voimme esimerkiksi toimittaa henkisiä julkaisuja kouluille, oppilaitoksille ja yleisille kirjastoille. Epäitsekkäät ja myötä-tuntoiset tekomme eivät ainoastaan auta toisia vaan auttavat myös meitä avartamaan mieltämme. Joka poimii kukkasen uhratta-vaksi, saa ensimmäisenä tuntea sen tuoksun. Vastaavalla tavoin epäitsekkäät teot herättä-vät meidät itsemme. Hyvien ajatusten täyttämä hengityksemme hyödyttää niin toisia kuin luontoakin.

Amman neuvoja arkielämää varten

Lapset, palvellessamme maailmaa epäitsekkäästi palvelemme Äitiä itseään.

Karmajooga

Lapset, olipa asemamme elämässä kuinka korkea tahansa, meidän tulisi aina ajatella olevamme vain toisten palvelijoita. Ajatel-kaamme Jumalan antaneen meille asemam-me, jotta voisimme auttaa muita täyttämään tarpeensa. Nöyryys ja vaatimattomuus heräävät silloin väistämättä sydämessämme. Kun työskennellessämme ajattelemme palvelevamme Jumalaa, työstä tulee *sadha-naa* (henkistä harjoitusta). Kohtele työpai-kalla kaikkia rakkaudella ja ystävyydellä, niin alaisia kuin esimiehiäkin. Maailma kohtelee meitä samalla tavoin kuin me kohtelemme muita.

Lapset, kun esimies läksyttää meitä, pitäkäämme sitä Jumalan tarjoamana mahdollisuutena päästä eroon egostamme ja luopua meissä mahdollisesti heräävästä vihamielisyydestä.

Amman neuvoja arkielämää varten

Joutuessamme vastaavasti olemaan ankaria alaisillemme älkäämme antako vihan tai ärtymyksen herätä meissä. Todellisen henkisen etsijän silmissä esimiehet, alaiset ja työtoverit ovat kaikki Jumalan ilmentymiä.

Meidän ei tulisi koskaan ajatella, että teemme työtä johtajallemme tai yhtiölle. Meidän tulisi tehdä työmme ajatellen palvelevamme Jumalaa. Silloin työ ei ole enää ainoastaan ajan käyttämistä palkan ansaitsemiseksi. Meistä tulee vilpittömiä ja tarkkaavaisia työssämme. Henkisen oppilaan tärkein ominaisuus on käsillä olevaan työhön kohdistuva täydellinen *sraddha* (tarkkaavai-suus)[3].

---

[3] Sanskritin kielessä 'sraddha' tarkoittaa viisauteen ja kokemukseen perustuvaa uskoa, malajalamin kielessä 'sraddhalla' tarkoitetaan tarkkaavaista tietoisuutta toiminnan aikana,. Amma käyttää 'sraddha' sanaa jälkimmäisessä mielessä.

Ikuinen valo

Meidän tulisi aina olla valmiita tekemään työtä enemmän kuin säännöt meiltä edellyttävät. Ainoastaan tällainen ylimääräinen työ, joka tehdään ilman toivetta kiitoksesta tai palkkiosta, on epäitsekästä palvelua. Rakas-tamamme jumaluuden tai *gurun* kuvan asettaminen työpaikalla näkyvään paikkaan auttaa meitä pitämään Jumalan jatkuvasti mielessämme. Ei ole tarvetta tuntea häpeää tästä. Voimme näin toimia esimerkkinä toisille.

"Olen tärkeä henkilö, minulla on korkea asema yhteiskunnassa. Kuinka voin mennä temppeliin ja osallistua jumalanpalvelukseen siinä ihmistungoksessa? Kuinka voin kumartua Jumalan edessä? Eikö se ole alentavaa?" Tällaiset ajatukset ovat peräisin meidän egostamme. Olittepa missä tahansa, olkaa aina valmiita toistamaan Jumalan nimeä ja osoittamaan kunnioitusta Jumalalle ja *gurulle*. Meitä ei auta yhtään, vaikka yhteiskunta pitäisi meitä suurenmoisena. Sen sijaan tarvitsemme hyväksyvän todistuksen Jumalalta.

Harjoittelun tuloksena kykenemme toistamaan *mantraa* mielessämme teimmepä millaista työtä tahansa. Vain toiminta, jonka aikana muistamme Jumalan, on todellista *karmajoogaa* (epäitsekästä työskentelyä Jumalan oivaltamiseksi). Työ jota teemme ajatellen sen olevan Jumalan työtä, ei aiheuta meissä sidonnaisuuksia.

Satsang

(Pyhä seura, henkiset tilaisuudet)

Lapset, on hyväksi sekä meille että ympäristöllemme kokoontua temppeliin tai *ashramiin* antaumuksellista laulamista ja *satsangia* (hengellistä keskustelua) varten sen sijaan, että hukkaisimme aikamme rupatteluun tai elokuvissa käymiseen. Vaihtoehtoisesti voimme istua yksinäisyydessä ja meditoida tai laulaa hengellisiä lauluja.

Älkää epäröikö kutsua ystäviä ja työtovereita *satsangiin*.

Ottakaa tavaksi kokoontua viikoittain tietyssä paikassa tai vuoroin eri kodeissa archanaa, bhajaneita ja meditaatiota varten. Jos jaamme hedelmiä tai makeisia *prasadamina* (pyhitettynä

Amman neuvoja arkielämää varten

lahjana), kiinnostuvat myös lapset näistä tilaisuuksista. Lapsuudessa saatu hengellinen kasvatus säilyy elävänä heissä aikuisenakin. Näihin henkisiin kokoontumisiin tulevat voivat tuoda mukanaan hieman *akshataa* (riisiä), ja yhteinen ateriakin voidaan tarjota. Tämä puhdistaa sisäisesti ja vahvistaa yhteyden ja veljeyden tunnetta. *Archana* ja jumalanpalvelus ehkäisevät kaikki hankaluudet, joita suvun tyytymättömät vainajat tai vahingolliset planetaariset vaikutukset saattaisivat aiheuttaa. Ympäröivä ilmapiiri puhdistuu. *Satsangiin* osallistuminen täyttää sydämemme Jumalaan suuntautuvilla ajatuksilla.

Koti

Antakaa kaikissa hankkeissanne sija Jumalalle. Jos ei ole mahdollista rakentaa erillistä huonetta jumalanpalveluksia varten, varatkaa vähintään huoneen osa japalle, meditaatiolle ja henkisille opinnoille. Tätä paikkaa tulisi käyttää vain henkisiin tarkoi-tuksiin. Jumalaa ei tulisi karkottaa esimerkiksi portaikon alla olevaan tilaan. Meidän tulisi elää Jumalan palvelijoina eikä laittaa Häntä palvelijan paikalle.

Auringon laskiessa tulisi sytyttää puhdis-tetulla voilla tai kasviöljyllä täytetty lamppu, ja jokaisen talossa olevan tulisi kokoontua sen läheisyyteen joksikin aikaa laulamaan henkisiä lauluja ja meditoimaan. Ei ole tarpeen pakottaa ketään osallistumaan jumalanpalvelukseen. Älkää olko huolissanne, vaikka joku ei liittyisikään mukaan. Ennen vanhaan Intiassa oli

Amman neuvoja arkielämää varten

yleisenä tapana, että talonväki kerääntyi lukemaan rukouksia auringon laskiessa. Nykyään se on menossa pois muodista ja me kärsimme tämän välinpitämättömyyden seurauksista. Iltahämärissä, päivän muuttuessa yöksi, ilmapiiri on epäpuhdas. Meditaation ja antaumuksellisten laulujen avulla mieli keskittyy, mikä puhdistaa mielemme ja (henkisen) ilmapiirin. Jos sen sijaan ryhdymme turhanpäiväiseen rupatteluun tai hauskanpitoon, maalliset värähtelyt likaavat mieltämme yhä enemmän.

Lapset, meidän tulisi aina pyrkiä pitämään yllä ajatusta ykseydestä, ei erilaisuu-desta. Meditaatiohuoneeseen ei tulisi sijoittaa muuta kuin perheenjäsenten rakas-tamien jumaluuksien ja *gurun* kuvat. Huone ja kuvat tulisi puhdistaa päivittäin. Joillakin ihmisillä on jumalista ja jumalattarista kuvia, jotka on tarkoitettu pidettäväksi esillä erityisesti juhlallisuuksien aikana kuten Krishnan syntymäpäivänä, Shivaratrin[4] aikana jne. Siinä ei ole mitään väärää. Kutsuttiinpa maitoa millä nimellä hyvänsä, se ravitsee yhtä lailla. Samoin vaikka Jumala tunnetaan monilla nimillä, Hän on vain yksi. On hyvä ripustaa *gurumme* tai rakasta-mamme jumaluuden kuva näkyvälle paikalle jokaisessa huoneessa. Niiden puhdistaminen päivittäin auttaa meitä lisäämään *sraddhaa* (tietoisuutta ja tarkkaavaisuutta) sekä rakkaudellista antaumuksellisuutta.

Lapset, menneinä aikoina jokaisessa talossa Intiassa oli pyhä tulasi-kasvi (basilika) ja erityinen paikka sen kasvattamiseksi. Oli myös tavallista kasvattaa kasveja, joista saatiin tuoksuvia

---

[4] Shivaratri on pyhä juhla, joka on omistettu Shivan, joogien Jumalalle. Tuo päivä käytetään mantorjen toistamiseen, meditointiin ja pyhien laulujen laulamiseen.

kukkia päivittäiseen jumalanpalvelukseen. Tänä päivänä koriste-kasvit ja kaktukset ovat syrjäyttäneet ne. Tämä heijastaa muutosta ihmisten sisäisessä mielenlaadussa. Basilikaa ja *crataeva*-puuta pidetään pyhinä ja niiden uskotaan tuovan vaurautta taloon, jossa niitä kasvatetaan ja kunnioitetaan. Niitä tulisi kastella päivittäin ja lähtiessämme talosta tai palatessamme meidän tulisi tervehtiä niitä. Ennenaikaan ihmisillä oli tapana koskettaa maata kunnioi-tuksen osoituksena ennen kuin laskivat jalkansa maahan aamulla sängystä noustes-saan. Heillä oli tapana kumartaa nousevalle auringolle, joka on jumalallisuuden ruumiil-listuma ja elämän antaja. He elivät harmoni-assa luonnon kanssa ja näkivät Jumalan olemuksen kaikessa. Tämä asenne tuotti heille iloa, rauhaa ja terveyttä.

Ikuinen valo

Jumalanpalveluksissa käytettävillä kasveilla kuten tulasilla ja monilla tuoksuvilla kukilla on myös parantavia ominaisuuksia. Niiden kasvattaminen talon lähellä edistää ilmapiirin puhtautta. Jos pihanne on riittä-vän suuri, voitte kasvattaa pienen kukkapuu-tarhan. Meidän tulisi aina toistaa *mant-raamme* tehdessämme puutarhatöitä. Samal-la myös sen muistaminen, että kukat ovat jumalanpalvelusta varten, auttaa pitämään Jumalan mielessämme.

Jokaisen talouden tulisi käyttää osa pihapiiristään pensaiden ja kasvien kasvattamiseen. Tämä puhdistaa ilmapiiriä ja ympäristöä. Se ylläpitää harmoniaa luonnossa. Ennen vanhaan kaikkien talojen yhteydessä oli metsikkö ja lampi. Niistä nauttivat paitsi talonväki myös koko yhteisö.

Amman neuvoja arkielämää varten

Lapset, ulkoinen loisto ei tee asunnosta hyvää tekevää, vaan siisteys. Huolehdi päivittäin talon ja ympäristön siisteydestä. Älä ajattele, että se olisi naisten tai jonkun tietyn henkilön tehtävä. Sen sijaan jokaisen kotona olevan tulisi yhdessä osallistua siisteydestä huolehtimiseen. Perinteiset tavat kuten ulkokenkien riisuminen ja jalkojen pesun mahdollistaminen ennen taloon astumista lisäävät henkisyydestä lähtevää kunnioit-tavaa suhtautumista asuntoamme kohtaan.

Suhtautukaa kotiapulaisiin arvostaen. Älkää loukatko heidän itsekunnioitustaan. Älkää antako heille ruuantähteitä. Meidän tulisi kohdella heitä kuin veljiämme ja sisariamme.

Lapset, suhtautukaa keittiöön kuin temppeliin. Sen tulisi olla puhdas ja hyvässä järjestyksessä. Ruuanlaittoon tulisi ryhtyä vasta aamupesun

Ikuinen valo

jälkeen ja sen aikana tulisi toistaa mantraa. Meidän tulisi nähdä rakastamamme *guru* tai Jumala tulen liekissä. Ajatelkaa, että valmistamme ruokaa lahjana Hänelle. Nähkää mielessänne Hänen ottavan ruuan vastaan ennen sen pöytään tarjoa-mista. Ennen päivän päättymistä keittiö tulisi lakaista puhtaaksi. Kaikki tiskit tulisi pestä ja laittaa kuivumaan. Pitäkää huoli, ettei ruokaa jää avoimiin astioihin.

On ollut aika, jolloin lapset osoittivat kotonaan rakkautta ja kunnioitusta vanhempiaan ja muita iäkkäämpiä ihmisiä kohtaan[5]. Tästä

---

[5] Intiassa on tavanomaista koskettaa kunnian osoituksena molemmin käsin vanhempien, vanhempien henkilöitten, munkkien tai gurun jalkoja ja koskettaa sitten otsaa, silmiä tai sydäntä. Ennen vanhaan jokaisessa perheessä lapset toimivat näin ensimmäiseksi aamulla noustuaan vuoteesta tai lähtiessään kouluun.

tavasta on pääosin luovuttu. Vanhem-pien tulisi näyttää lapsille esimerkkiä kunnioittamalla omia vanhempiaan. Kuinka lapset voisivat osoittaa kunnioitusta vanhemmilleen, jotka laiminlyövät omia ikääntyviä vanhempiaan ja osoittavat heille epäkunnioitusta? Vanhempien tulisi aina olla esimerkkinä lapsilleen.

Lähtiessänne ulos toimittamaan asioita, huomioikaa vanhempanne ennen poistumis-tanne. Lasten tulisi ottaa tavakseen hyväs-tellä vanhempansa ennen kouluun lähtöä. Nöyryys ja vaatimattomuus tuovat meille Jumalan armon.

Kaikkien perheenjäsenten tulisi osallis-tua kotitöihin. Tämä auttaa rakkautta kasvamaan perheenjäsenten välillä. Miesten ei tulisi pitää keittiötöitä vain naisille tarkoitettuna ja pysytellä poissa. Heidän tulisi auttaa niin paljon kuin mahdollista. Antakaa myös pienille lapsille tehtäviä, joista he selviävät.

Yksinkertainen elämäntapa

Lapset, kehittäkää epäitsekkyyttänne ja vähentäkää omaan mukavuuteenne pyrki-mistänne. Henkisen oppilaan ei tulisi etsiä nautintoja. Pyrkikää viettämään yksinkertaista elämää ja vähentämään henkilökohtai-nen omaisuutenne minimiin.

Lapset, olemalla tarkkoja rahankäyt-tömme suhteen voimme säästää suuren osan talon rakentamiseen tarvittavista varoista. Tavallisesti ihmiset käyttävät kaikki sääs-tönsä talon rakentamiseen ja päätyvät velka-taakan alle. Talomme tulisi olla järkevässä suhteessa tarpeisiimme. Välttäkää tarpeettomia ylellisyyksiä. Lapset, rakentaessanne neljän viiden hengen perheelle satojen tuhansien arvoista taloa älkää unohtako, että lukuisat köyhät ja asunnottomat ihmiset viettävät yönsä ulkona sateessa ja kylmässä.

On hyvä välttää kirkkaan ja kirjavan värisiä vaatteita. Näin muut eivät kiinnitä meihin huomiota. Toisten kiinnittäessä meihin huomiota saattaa meidänkin huomiomme kiinnittyä heidän suuntaansa. Meidän tulisi tehdä parhaamme, jotta pukeutuisimme ja eläisimme yksinkertaisesti. Naisten tulisi luopua halustaan jalokiviin. Lapset, kauniit sanat ja hyvät teot ovat todellisia jalokiviä.

Älkää heittäkö pois vanhoja vaatteita. Peskää ne ja antakaa ne tarpeessa oleville.

Lapset, toimikaa aina ilman minkäänlaisia odotuksia tekojenne tuottamien hedelmien

Amman neuvoja arkielämää varten

suhteen. Odotukset ovat syynä kaikkiin murheisiimme. Meidän tulisi omistaa elämämme Jumalalle. Luottakaa, että Hän pitää huolen meistä. Se mitä meidän tulisi oppia perheelämän kautta on, kuinka antaudutaan Jumalalle täydellisesti. Meidän on huomattava, että vaimomme tai pienokaisemme eivät kuulu meille emmekä me heille. Lapset, uskokaa täydellisesti, että kaikki on yksin vain Hänen. Silloin Hän ottaa kantaakseen kaiken kuormamme. Hän ottaa meitä kädes-tä kiinni ja johdattaa meidät päämää-räämme.

Ruoka

Lapset, yksikään muru ruuastamme ei ole yksinomaan meidän valmistamaamme. Se mikä tulee meille ruuan muodossa on kanssaihmistemme uurastuksen tulosta, luonnon runsaskätisyyden ansiota ja Jumalan myötätunnon osoitus. Vaikka meillä olisi miljoonia dollareita, tarvitsisimme silti ruokaa nälkämme tyydyttämiseen. Voimmeko syödä dollareita? Älkää siksi koskaan syökö mitään rukoilematta ensin nöyrästi.

Lapset, meidän tulisi aina nauttia ruokamme istualtamme. Älkää syökö seisten tai kävellen ympäriinsä.

Syödessämme meidän ei tulisi kiinnittää huomiota vain ruuan makuun. Ajatelkaa, että valitsemamme jumaluus tai guru on sisim-mässänne ja että ruokitte häntä. Näin syöminen muuttuu sadhanaksi (henkiseksi harjoitukseksi). Älkää puhuko ruokaillessanne. Myös syöttäessämme lapsiamme meidän tulisi ajatella antavamme ruokaa rakastamallemme Jumalalle. Kaikkien perheessä tulisi syödä yhdessä, mikäli mahdollista. Ota hieman vettä oikealle kämmenellesi ja lausu omaa mantraasi tai *bhojana mantra: "om brahmar panam, brahma havir, brahma gnau, brahmana hutam, brahmaina tena gantavyam, brahma karma samadhina, om shanti shanti shanti, om sri guru bhyo namaha, harihi om" (Bhagavad Gita 4:24).* Kuljeta tämän jälkeen kätesi kolmesti myötäpäivään ruoan ympäri ja siemaise vesi. Rukoile silmät suljettuina: "Rakas Jumala, antakoon tämä ruoka minulle voimaa tehdä Sinun työtäsi ja oivaltaa Sinut."

Jos meillä on kotieläimiä tai lintuja, meidän tulisi ruokkia ne ennen kuin itse syömme. Nähkää Jumala kaikissa elävissä olennoissa ja ruokkikaa niitä suhtautuen niihin siten.

Ruoka tulisi nauttia *mantraa* toistaen. Tämä puhdistaa sekä ruuan että mielen samanaikaisesti.

Ruuan valmistajan mielenlaatu siirtyy kaikkiin, jotka nauttivat ruokaa. Siksi äitien tulisi mahdollisuuksien mukaan valmistaa ruoka koko perheelle. Jos ruoka tehdään mantraa lausuen, ruoka edistää jokaisen henkisyyttä.

Lapset, pitäkää ruokaa Lakshmi-jumalattarena (yltäkylläisyyden jumalattarena), ja nauttikaa se antaumuksella ja kunnioittaen. Ruoka on

Brahman (Absoluutti, Korkein). Älkää syödessänne koskaan puhuko kenen-kään virheistä tai puutteista. Nauttikaa ruoka Jumalan *prasadamina* (lahjana).

On hyvä tapa, mikäli rukouksen jälkeen, ennen varsinaisen ruokailun aloittamista ruokailijat syöttävät toisilleen pienen annoksen ruokaa. Tämä auttaa ylläpitämään keskinäistä rakkautta ja kiintymystä per-heenjäsenten kesken. Entisaikain Intiassa vaimo otti puolisonsa lautaselta sen mitä oli jäänyt pitäen sitä Jumalan *prasadamina*. Noina aikoina vaimo piti miestään Jumalan näkyvänä ilmentymänä. Mistä voimme tänään löytää sellaisen miehen tai vaimon, joka ansaitsee tällaisen arvostuksen? Jokainen mies haluaisi vaimonsa kohtelevan häntä tällä tavoin, mutta moniko on valmis viettämään elämää, joka on tämän kunnioituksen arvoista. Jokainen mies haluaisi vaimon, joka olisi kuin Raman siveä puoliso Sita, mutta kukaan ei vaivaudu ajattelemaan, elääkö hän itse Raman tavoin.

Lapset, emme voi hallita mieltämme ellemme hallitse haluamme makunautintoihin. Ruuan terveellisyyden, ei sen maun, tulisi olla valintojemme ensisijainen kriteeri. Emme voi nauttia sydämemme kukoistuksesta, ellemme pysty luopumaan makunautin-noistamme.

Sadhanaa harjoittavien tulisi huolehtia siitä, että he syövät vain yksinkertaista, tuoretta kasvisruokaa (*sattvista* ruokaa). On hyväksi välttää ylenpalttisen suolaisia, makei-ta, tulisia ja happamia ruokia. Mielemme rakentuu ruokamme hienovaraisesta olemus-puolesta. Ruuan puhtaus auttaa kehittämään mielen puhtautta.

Lapset, aamupalan tulisi olla kevyt. On vielä parempi, jos voimme olla ilman sitä. Syökää tarvittava määrä lounaalla, ja jälleen kevyesti illalla.

Lapset, emme saisi syödä vatsaamme aivan täyteen. Jättäkää aina neljännes siitä täyttämättä. Tämä auttaa kehoamme sulattamaan ruuan hyvin. Jos syömme itsemme niin täyteen, että tuskin pystymme hengittämään, lisäämme myös sydämen rasitusta.

Ylensyönti ei vahingoita ainoastaan sadhanaamme, vaan myös terveyttämme. Lapset, meidän tulisi lakata napostelemasta kaikenlaista vähän väliä. Säännöllisyys ruokailuajoissa ja ruuan määrässä edistää terveyttämme ja mielenhallintaamme. Syökää elääksenne, älkää eläkö syödäksenne.

On erittäin hyvä tapa syödä viikon-loppuisin vain yksi ateria päivässä ja harjoittaa *japaa* ja meditoida kotona tai ashramissa. Siirtymällä vähitellen tuon päivän yhdestä ateriasta täyteen paastoon edistämme *sadhanaamme* ja yleistä tervey-dentilaamme. Jos täydellinen paastoaminen ei ole mahdollista, nauttikaa vain hedelmiä. Täydenkuun ja uudenkuun päivät ovat hyviä paastoamiseen.

Älkää syökö illan hämärtyessä. Muinaisissa eepoksissa kerrotaan, että Vishnu surmasi demoni Hiranyakashipun juuri illan hämärtyessä. Niinä hetkinä ilmapiiri on erittäin epäpuhdas. Se ei ole sovelias aika vatsan täyttämiselle.

Silloin on aika toistaa Jumalan nimeä ja täyttää tällä tavoin vatsan sijasta mieli.

Erityisesti sadhanaa harjoittaville on hyväksi ottaa ulostuslääkettä kahdesti kuukaudessa, jotta suolisto puhdistuu perusteellisesti. Ulosteiden kasautuminen suoleen vaikeuttaa keskittymistä. Se likaa ajatuksem-me.

Äiti ei kehota lopettamaan lihan tai kalan syömistä äkillisesti. *Sadhanan* kannalta on kuitenkin hyvä siirtyä vähitellen yksinomaan kasvisruokavalioon. Lapset, on hyvin vaikeaa muuttaa yhtäkkiä mitään tottumuksia. Tutkikaa mieltänne ja harjoitelkaa vähitellen sen hallitsemista.

Ikuinen valo

Kaikki tietävät, että tupakointi ja alkoholi ovat haitallisia terveydellemme. Kuitenkin useimmat niihin tottuneet kokevat vaikeaksi luopua niistä. Kuinka joku, joka ei voi vapautua tupakanhimon kynsistä, voisi oivaltaa Jumalan? Jos et voi luopua tupakasta äkisti, voit kokeilla jonkin korvikkeen kuten kardemumman tai lakritsin pureskelemista tai veden siemailua, kun tarve tupakoida yllättää. Jos yritämme todella vilpittömästi, voimme lyhyessäkin ajassa luopua kokonaan tupakoinnista tai jostakin muusta huonosta tavasta.

Kahvi tai tee voivat antaa tilapäisen hyvänolon tunteen, mutta säännöllisesti nautittuna ne tosiasiassa ovat haitaksi terveydellemme. Luopukaa myös niistä.

Amman neuvoja arkielämää varten

Lapset, meidän tulisi tehdä vakaa päätös luopua alkoholista täysin. Juominen raunioittaa samanaikaisesti niin terveytemme, tahdonvoimamme, taloutemme kuin per-heemme rauhankin. Älkää juoko alkoholia edes ystävienne mieliksi.

Lapset, älkää käyttäkö mitään huumaavia aineita. Meidän, joiden tulisi palvella maailmaa, ei tulisi tuhota terveyttämme tupakoimalla tai juomalla alkoholia. Niihin kulutettu raha voidaan käyttää niin moniin hyödyllisiin tarkoituksiin. Taivaan tuuliin tupruttelemallamme rahalla voisimme ostaa proteesin jalkansa menettäneelle, maksaa jonkun kaihileikkauksen tai ostaa pyörä-tuolin polioon sairastuneelle. Ellemme voi tehdä muuta, voimme ostaa vaikka henkisiä kirjoja paikalliseen kirjastoon.

Ikuinen valo

On haitaksi koko yhteiskunnalle antaa ruuan pilaantua tai syödä vain puolet ja heittää loput pois. Ajatelkaa, kuinka monet ihmiset kärsivät saamatta yhtäkään ateriaa päivässä. Voimmeko syödä yltäkylläisen juhla-aterian samaan aikaan kun naapurim-me nääntyy nälkään? Meidän tulee parhaam-me mukaan auttaa nälkäisiä. Meidän täytyy ymmärtää, että köyhien ruokkiminen on Jumalan palvelemista.

Avioelämä

Lapset, miehen ja vaimon tulisi rakastaa ja palvella toisiaan näkemällä toisissaan Jumala. Heidän tulisi olla siten esimerkkinä niin lapsilleen kuin muillekin.

Kun mies ja vaimo yhdessä palvelevat Jumalaa, meditoivat ja harjoittavat *japaa,* lukevat henkistä kirjallisuutta, palvelevat maailmaa, muuttavat kotinsa *ashramiksi,* ja siten etenevät yhdessä *sadhanansa* harjoittamisessa, heidän ei tarvitse etsiä vapautus-ta. Se tulee heidän luokseen etsimättäkin.

Miehen ja vaimon ei tulisi asettaa esteitä toistensa henkiselle polulle. Henkisestä etsinnästä ei tulisi luopua, vaikka puoliso olisikin sitä vastaan. On kuitenkin väärin luopua velvollisuuksistamme henkisten harjoitusten nimissä. Äiti on nähnyt monien ihmisten tekevän näin eikä se ole koskaan oikea ratkaisu. Kun on aika tehdä tehtäviäm-me, tehkäämme ne Jumalaa muistaen. Jos sen sijaan istumme saman ajan meditaatiossa, ei siitä seuraa minkäänlaista edistystä. Emme saisi aiheuttaa murhetta puolisollemme, vaikka hän olisi sadhanan harjoittamista vastaan. Rukoilkaa sen sijaan päivittäisten toimienne aikana, että Jumala muuttaisi puolisonne asenteen.

Puolisoiden tulisi pidättyä sukupuolielämästä vähintään kahtena tai kolmena päivänä viikossa. Pyrkikää vähitellen pitämään yllä selibaattia useimpina viikonpäivinä. Välttäkää sukupuoliyhteyttä täyden kuun ja uuden kuun aikaan sekä vaimon kuukautis-ten aikana. Pyrkikää keräämään tahdon-voimaa elääksenne kuin sisar ja veli sen jälkeen, kun olette saaneet yhden tai kaksi lasta. Tämä on välttämätöntä, jotta voisimme saada täyden hyödyn *sadhanasta* ja kehittyä henkisesti itsehillinnän kautta.

Aina harjoittaessamme seksiä meidän tulisi kysyä:"Oi mieli, mistä tämä mielihyvä tulee? Eikö tämä yksinomaan kuluta voimiani?" Kaikki mielihyvä, joka saavutetaan muutoin kuin mielen hallinnan kautta, heikentää kehoamme. Miehen ja vaimon välisen suhteen tulisikin muuttua sydämen rakkaudeksi, jota intohimot eivät kosketa. Edetkää hyveen polulla ja kiinnittäkää mielenne yksinomaan Korkeimpaan.

Lapset, yksi lapsi riittää. Enintään kaksi; ei sen enempää. Kun meillä on vähemmän lapsia, kykenemme kasvattamaan heidät huolenpidolla. Äitien tulisi pitää kiinni lastensa rintaruokinnasta. Muistakaa Jumalan nimeä ruokkiessanne lasta ja rukoilkaa: "Rakas Jumala, anna tämän lapsen kasvaa palvelemaan maailmaa! Tämä on sinun lapsesi. Suo hänelle sinun ominaisuuksiasi." Silloin lapsesta tulee älykäs. Hänestä tulee ahkera ja hyvinvoiva. Meidän ei tarvitse kuin pitää Jumala ajatuksissamme, ja kaikki kääntyy meidän eduksemme.

Avioliitossa olevien miesten tulisi välttää suhteita muihin naisiin. Vastaavasti aviovaimojen ei tulisi etsiä muita miehiä.

Kun perheessä on erimielisyyksiä, olkaa valmiita keskustelemaan ja ratkaisemaan asia saman päivän kuluessa sen sijaan, että lykkäisitte ratkaisua. Kuka tahansa voi vastata rakkauteen rakkaudella - siinä ei ole mitään suurta. Yrittäkää kuitenkin vastata vihaankin rakkaudella.

Amman neuvoja arkielämää varten

Vain tämä on todellisen suuruutemme mitta. Vasta kun olemme valmiit antamaan anteeksi ja hyväksymään toisten virheet ja vajavaisuudet, perheessä voi vallita rauha. Lasten luonteen muovaa-miseksi on välttämätöntä, että vanhemmat viettävät esimerkillistä elämää. Jos vanhem-pien elämä on kaukana esimerkillisestä, kuinka he voisivat kasvattaa lapsiaan asianmukaisesti?

Illan hämärtyessä hedelmöitetyistä lapsista tulee vajaamielisiä tai hankalia luon-teenlaadultaan. Maalliset ajatukset ovat huipussaan niinä hetkinä. Juuri sen takia on erityisen tärkeää illan hämärtyessä palvella Jumalaa, harjoittaa *archanaa* ja *japaa* sekä meditoida.

Jokainen, joka hallitsee ruokavalionsa, meditoi ja harjoittaa *japaa* säännöllisesti saavuttaa ajan myötä riittävän voiman selibaatin ylläpitämiseen. Kuitenkin *sadha-nan* joissakin vaiheissa synnynnäiset taipu-mukset saattavat roihahtaa liekkiin, ja tämä saattaa aiheuttaa maallisten intohimojen heräämisen uudelleen. Pyydä silloin *gurulta* neuvoa. Turvaudu Jumalaan ilman pelkoa ja pyri ylläpitämään itsehallintaa niin pitkälle kuin mahdollista.

Puolisoiden tulisi noudattaa tiukkaa selibaattia sen jälkeen kun vaimon raskaus saavuttaa kolmannen tai neljännen kuukauden. Välttäkää kaikkia keskusteluja, elokuvia ja lehtiä, jotka saattavat herättää maallisia mielihaluja tai intohimoja. Lukekaa sen sijaan henkistä kirjallisuutta päivittäin, meditoikaa ja harjoittakaa japaa. Äidin ajatusten värähtely ja tunteet vaikuttavat merkittävästi kohdussa olevan lapsen luonteen muodostumiseen.

Amman neuvoja arkielämää varten

Pranayaman (hengityksen hallinnan) harjoittaminen ilman vakaata selibaatissa pitäytymistä saattaa johtaa vaikeuksiin. Pranayamaa tulisi harjoittaa ainoastaan gurun valvonnassa.

Lasten kasvattaminen

Viidenteen ikävuoteen saakka lapsille tulisi antaa runsaasti rakkautta. Viidestä viidenteentoista ikävuoteen heitä tulisi kasvattaa tiukkaan kurinalaisuuteen, erityisesti opintoja koskevissa asioissa. Tämän ajanjakson kuluessa luodaan perusta elämälle. Rakkaus ilman kuria vain hemmottelee heidät pilalle. Viidennentoista ikävuoden jälkeen lapsille tulisi antaa rakkautta niin paljon kuin mahdollista, sillä muutoin he saattavat joutua harhapoluille.

Monet teini-ikäiset pojat ja tytöt ovat kertoneet Äidille, että syynä heidän joutumiselleen harhateille on ollut rakkauden puute kotona. Teini-iässä lapset kaipaavat vanhempiensa rakkautta, mutta vanhemmat rankaisevat ja toruvat heitä ankarasti pitääkseen heidät kurissa. He eivät anna teini-ikäisten lastensa tulla

Amman neuvoja arkielämää varten

lähellekään heitä, saati että osoittaisivat heille vähääkään rakkautta. Ylenmääräisen kiintymyksen osoittaminen aikana, jolloin lapsille tulisi opettaa kurinalaisuutta, hemmottelee heidät pilalle ja heistä tulee laiskoja ja välinpitämättömiä suhteessa opintoihinsa. Teini-iässä heitä ei enää tulisi nuhdella ankarasti, vaan heidän virheensä tulisi osoittaa ja korjata järjen ja logiikan keinoin.

Vanhempien tulisi aloittaa henkisten ajatusten selittäminen lapsille jo varhaisella iällä. Vaikka lapset hankkisivatkin pahoja tapoja kasvaessaan, palauttavat heidän alitajunnassaan uinuvat myönteiset vaikutukset heidät aikanaan takaisin oikealle polulle.

Älkää koskaan kohdelko huonosti ketään tai puhuko kenestäkään pahaa lasten läsnäollessa.

Lapset matkivat teitä. Saatamme saada tänään omaisuutta ja menettää sen huomenna, mutta hyvä luonteenlaatu kestää koko elämän. Siksi myös rikkaiden vanhem-pien tulisi varmistaa, että heidän lapsensa kasvavat nöyriksi ja itsenäisiksi.

Lapset tulisi opettaa olemaan nöyriä opettajien ja henkisten mestareiden edessä. Oppiminen, varsinkin henkisyyden alueella, on hedelmällistä vain nöyryyden maaperässä. Jotkut ajattelevat, että koulua käyvien lasten ei tarvitse tehdä mitään muuta työtä. Tämä ei ole oikea suhtautuminen. Koulussa saatava opetus ei ole riittävää elämää varten. Lasten tulisi oppia tekemään kaikkia kodin askareita.

Laulettaessa kehtolauluja tai kerrot-taessa iltasatuja lapsille tulisi käyttää henkisiä lauluja ja tarinoita. Tämä auttaa lapsia pitämään Jumalan elävänä mielessään. Henkinen tietous juurtuu silloin syvälle heidän alitajuntaansa. Valitkaa huolella myös heidän luettavakseen tarkoitetut kirjat.

Lasten henkinen kypsyminen on riippuvainen aikuisten antamasta opetuksesta. Vanhempien ja muiden aikuisten tulisi kiinnittää huomiota lasten koulutusta koskeviin asioihin. Koulutehtävät hallitse-vien vanhempien tulisi avustaa lapsia niiden tekemisessä niin paljon kuin mahdollista. Älkää jättäkö koko vastuuta opettajille. Jos naapuruston lapset käyvät koulua yhdessä lastenne kanssa, voitte kutsua myös heidät ja opettaa kaikkia heitä yhdessä. Niin tulisi hyvien naapureiden toimia. Kenenkään ei tulisi koskaan tuntea tyydytystä naapurin lapsen huonosta menestyksestä ja toivoa menestystä ainoastaan omille lapsilleen.

Ikuinen valo

Lasten tulisi kunnioittaa vanhempiaan. Seisomaan nouseminen vanhempien astuessa huoneeseen, istuutuminen vasta heidän jälkeensä, vastaaminen kohteliaasti, vanhempien ohjeiden noudattaminen, pidättäytyminen pilkkaamasta vanhempia ja vastaamasta äänekkäästi tai riitaa haastavasti ovat kaikki välttämättömiä perheen hyvinvoinnin kannalta. Vastaavasti pienten lasten pyytä-essä päästä ulos vanhempien tulisi antaa suostumuksensa rakastavan suukon saattelemana. Lasten tulisi tuntea olevansa rakastettuja. Rakkautemme lapsiamme kohtaan ei tulisi olla kuin kiven sisään piilotettua hunajaa.

Kaikkien jumalanpalvelusmenojen ja tapojen pohjana tulisi olla rakkaus. Pelkkä toiminta ilman asianmukaista asennetta on hyödytöntä.

Amman neuvoja arkielämää varten

Kaikki tulisi tehdä nöyryydellä, antaumuksella ja puhtain tavoittein. Jotta kehittyisimme kurinalaisiksi, meidän tulisi olla nöyriä ja tottelevaisia. Nöyryytemme ja tottelevaisuutemme ovat kuin voiteluaine koneelle: jos käytämme konetta ilman voitelua, se menee varmasti pilalle.

Lapset tulisi kasvattaa ymmärtämään kulttuuriaan ja olemaan siitä ylpeitä. Heille tulisi antaa nimiä, jotka kertovat heidän kulttuuristaan ja muistuttavat Jumalasta ja henkisistä mestareista. Juuruttakaa jo nuoresta iästä alkaen heidän mieliinsä myönteisiä mielikuvia Jumalasta kertomalla heille tarinoita Jumalasta ja pyhimyksistä. Ennen vanhaan Intiassa kaikki opettelivat jo hyvinkin nuorena sanskritia, joka on pyhien kirjoitusten kieli. Tämä auttoi heitä omaksumaan henkisyyden siemenet jo elämänsä varhaisina vuosina. Myös ihmiset,

Ikuinen valo

jotka eivät varsinaisesti opiskelleet pyhiä kirjoituksia, saattoivat elää henkisiin periaatteisiin perus-tuvaa elämää olemalla yhteydessä niihin, jotka olivat saaneet opetusta.

Vanaprastha

(Vetäytynyt elämä)

Kun lapset ovat aikuistuneet ja kykenevät huolehtimaan itsestään, vanhempien tulisi siirtyä ashramiin ja elää henkistä elämää pyrkien edistämään henkistä kehitystään meditaation, japan ja pyyteettömän palvelutyön avulla. Jotta tämä muutos olisi mahdollinen, on välttämätöntä ylläpitää henkisen elämän alusta saakka vahvaa kiintymystä vain Jumalaan. Ilman tällaista henkistä suhdetta mieli takertuu siteisiinsä: ensin lapsiin, sitten lastenlapsiin ja niin edelleen. Tällainen takertuminen ei hyödytä meitä eikä lapsiamme. Elämämme valuu hukkaan, jos annamme riippuvuuksiemme pitää meistä sitkeästi kiinni. Jos sen sijaan käytämme elämämme sadhanaan, henkinen voimamme auttaa sekä itseämme että maailmaa. Ottakaa siksi tavaksenne irrottaa mielenne lukuisista maallisista kohteista ja suunnatkaa se täysin

Jumalaa kohti. Kaataessamme toistuvasti öljyä astiasta toiseen menetämme siitä vähän joka kerralla. Vastaavasti kiinnittämällä mielemme moniin asioihin menetämme vähäisenkin henkisen voimamme. Kerää-mällä vettä säiliöastiaan se ylettyy kaikkiin hanoihin yhtäläisesti. Pitämällä vastaavasti mielemme jatkuvasti Jumalassa, teimmepä mitä työtä tahansa, hyöty ulottuu jokaiseen perheenjäseneen. Elämän perimmäisen tavoitteen ei tulisi olla omaisuuden haalimi-nen lapsille ja sukulaisille, vaan keskittymi-nen omaan henkiseen kasvuumme.

Opetuksia eri alueilta

Lapset, sielu ei ole muuta kuin Jumalaa. Todellinen pidättyvyysharjoitus on toimintaa katkeamattomassa tietoisuudessa Jumalasta.

Lapset, meditaatio ja *japa* eivät ole *sadhanan* ainoat muodot. Pyyteetön palvelutyö on myös sadhanaa. Se on myös helpoin tie Korkeimman Itsen avautumiseen. Silloinkin kun ostamme kukkia ystävälle, nautimme niiden tuoksusta ja kauneudesta itse ensim-mäisenä. Vastaavasti sydämemme laajenee tehdessämme pyyteetöntä palvelutyötä. Me saamme nauttia onnellisuudesta ensimmäisenä.

Ennen kuin rukoilemme itsemme puolesta, meidän tulisi rukoilla, että lähimmäisellemme annettaisiin sydämen ja mielen hyvyyttä. Jos naapurissa on ryöstäjä tai mielipuoli, kuinka voimme nukkua yömme rauhassa? Pelkäämme jatkuvasti tulevamme ryöstetyksi. Meillä ei ole mielenrauhaa lähteä kodistamme edes minuutiksi. Meidän tulisi rukoilla, että naapurimme tulee hyväksi. Tämä edistää meidän omaa rauhaamme ja tyyneyttämme. Vain tällaisten toisia auttavien rukousten avulla voimme avautua henkisesti ja saavuttaa sydämen puhtauden.

Lapset, älkää etsikö toisista virheitä ja puutteita älkääkä puhuko niistä. Pyrkikää sen sijaan näkemään jokaisessa vain hänen hyvät puolensa. Loukatessamme kätemme emme syytä siitä kättä, vaan lääkitsemme haavaa ja hoidamme sitä huolella. Meidän tulisi palvella toisia samalla antaumuksella syyttämättä heitä heidän virheistään.

Amman neuvoja arkielämää varten

Jos astumme okaan ja se lävistää jalkapohjamme, ei kipu lakkaa vaikka itkisimme kuinka paljon hyvänsä. Meidän täytyy vetää oka pois jalasta ja lääkitä haava. Vastaavasti ei ole hyötyä murehtia niitä harhanomaisia asioita, jotka tuottavat meille kipua. Jos vuodatamme samat kyyneleet Jumalalle, puhdistuu mielemme ja saamme voimaa ylittää kaikki vastoinkäymiset. Rakkaat lapset, luovuttakaa siksi kaikki Hänen käsiinsä ja olkaa vahvoja! Olkaa täynnä rohkeutta!

Lapset, teemmepä mitä tahansa, olkaamme tietoisia siitä, että toimimme Hänen voimansa avulla. Tienviitat on maalattu kirk-kain, heijastavin värein. Kun valo osuu tienviittaan, se loistaa pimeässä. Vastaavasti mekin voimme toimia ainoastaan Hänen voimansa avulla. Tietäkää, että Hän laittaa meidät tekemään kaiken sen minkä teemme. Me olemme vain työkaluja.

Teemmepä mitä hyvänsä, meidän tulisi keskittyä samalla lailla kuin laskiessamme jokaisen jyvän kourallisesta hiekkaa tai ylittäessämme joen sen yli pingotettua köyttä pitkin.

Lapset, *ahimsasta* (väkivallattomuudesta) tulisi tulla elämämme pyhä periaate. *Ahimsa* merkitsee pidättäytymistä tuottamasta tuskaa kenellekään ajatuksin, sanoin tai teoin.

Vain avaamalla sydämemme ja mielemme voimme löytää Hänen autuaallisen maailmansa tämän esteitä täynnä olevan maailman keskellä. Lapset, ilman anteeksiannon ja nöyryyden henkeä emme voi tuntea Jumalaa emmekä ansaita *gurun* armoa. Todellista rohkeutta on antaa anteeksi silloinkin kun hallitsematon viha nostaa päätään. Sateen-varjo avautuu painaessamme napista ja se antaa meille suojan sateelta ja auringolta. Jos painonappi kuitenkin kieltäytyy painumasta alas, mitään ei tapahdu. Maan alla siemen alkaa versoa ja siitä kasvaa puu. Täysikasvui-sena voimme sitoa siihen jopa norsun. Jos siemen sen sijaan kieltäytyy antautumasta, kieltäytyy tulemasta ulos kylväjän ämpäristä eikä suostu menemään maan alle, se voi päätyä hiiren ruuaksi.

Lapset, jos rakastatte Äitiä, nähkää Äiti kaikessa elävässä ja rakastakaa tuota kaikkea sellaisena kuin se on.

Lapset, Jumaloivallus ja Itsensä oivaltaminen ovat yksi ja sama asia. Jumalan oivaltaminen

Ikuinen valo

ei ole muuta kuin sydämemme avoimuutta ja kykyä rakastaa kaikkea tasapuoli-sesti.

Sanasto

Ahimsa: Väkivallattomuuden periaate: pidättäytyminen tappamasta ja tuottamasta kipua millekään elävälle olennolle ajatuksin, sanoin tai teoin.

Archana: Jumalanpalveluksen muoto, jossa toistetaan sataa (108), kolmeasataa tai tuhatta Jumalan nimeä.

Ashram: Erakkomaja tai pyhimyksen asuinpaikka tai luostarin kaltainen henkinen keskus.

Bhagavad Gita: Krishnan opetukset Arjunalle Kurukshetran taistelun alkaessa. Teos on osa Mahabharata-eeposta. Opetukset muodostavat käytännöllisen oppaan tavalliselle ihmiselle hänen arkipäiväisessä elämässään ja muodosta-vat veedisen viisauden ytimen. Bhagavad Gita tarkoittaa kirjaimellisesti Jumalan laulua.

Bhagavatam: Kertomuksia Vishnu-jumalan inkarnaatioista, erityisesti Krishnasta.

Teoksessa korostetaan antaumuksellisen rakkauden ylivoimaisen tärkeää merkitystä.

Bhajan: Antaumuksellinen uskonnollisten laulujen laulaminen

Dharma: Jumalallisen harmonian mukaan toteutuva elämäntapa, oikeudenmukaisuus, oikeamielisyys.

Guru: Henkinen mestari tai opettaja

Guruhelmi: Malan (rukousnauhan) alku-ja loppuhelmi. 108:n helmen nauhassa guruhelmi on 109:s helmi.

Guruseva: Henkisen mestarin hyväksi tehtävä palvelutyö.

Japa: Mantran toistaminen

Kaliyuga: Nykyinen materialismin pimeä aikakausi, henkisen tietämättömyyden aikakausi.

Karma: Toiminta, myös toiminnan aikaansaama vastavaikutus mielen tai kehon tasolla.

Kirtan: Uskonnollinen laulu.

Lalita Sahasranama: Jumalallisen Äidin tuhat nimeä Lalitambika- jumalatterelle omistetussa muodossa.

Mahabharatam: Vyasan kirjoittama suuri eepos.

Mahatma: Suuri sielu, valaistunut, pyhimys.

Mala: Rukousnauha.

Mantra: Pyhä äänne, jonka toistaminen kykenee herättämään oppilaan henkiset energiat, Jumalan nimi.

Ojas: Henkisillä harjoituksilla henkiseksi energiaksi muunnettu seksuaalienergia.

Prasadam: Pyhitetty uhrilahja, joka jaetaan jumalanpalveluksen jälkeen, tai jonka mestari antaa oppilaalle.

Pranayama: Mielen hallintaan tähtäävä hengityksen hallintaharjoitus.

Rudraksha: Pähkinäkasvi, jonka pähkinöitä käytetään malan (rukousnauhan) helminä.

Ikuinen valo

Sadhaka: Henkisen päämäärän saavuttamiseen omistautunut henkilö, sadhanan (henkisten harjoitusten) harjoittaja.

Sadhana: Henkiset harjoitukset kuten meditaatio, resitaatio, rukoilu, epäitsekäs työskentely...

Samsara: Syntymän, kuoleman ja jälleensyntymän kiertokulku.

Samskara: Mielen kokonaiskuva; menneistä teoista kertyneet mielen taipumukset.

Sanjaasi: Munkki, nunna tai maallisesta elämästä luopunut.

Satsang: Viisaiden ja hyveellisten seura; myös pyhimyksen, opettajan tai henkisen oppilaan pitämä henkinen puhe.

Sattva: Puhtauden ja mielenrauhan ominaislaatu, harmoonisuus.

Shiva: Joogien jumala, tietämättömyyden tuhoaja; yksi Jumalan kolminaisuudesta, Brahma (Luoja), Vishnu (Ylläpitäjä) ja

Shiva (Tuhoaja). Shiva edustaa myös puhdasta tietoisuutta.

Sraddha: Usko. Amma käyttää termiä erityismerkityksessä tarkoittaen työhön kohdistuvaa tarkkaavaisuutta ja rakastavaa huolenpitoa.

Suryanamaskar: Joogaharjoitus, joka koostuu tervehdyksistä auringolle.

Tapas: Sananmukaisesti 'kuumuus'. Hengellisten pidättyvyysharjoitusten harjoittaminen.

Tulasi: Pyhä basilika-kasvi.

Vasana: Mieleen jäänyt vaikutelma tai tottumus, ehdollistuma, joka pyrkii toistamaan itseään.

Ikuinen valo

Lapset, Jumalan itkeminen ei ole heikkoutta. Jumalalle vuodatetut kyyneleet pesevät pois monien elämiemme aikana kertyneiden huonojen taipumusten muodos-tamat epäpuhtaudet. Kynttilä palaa sulaes-saan kirkkaammin ja loistavammin. Aivan samoin Jumalan vuoksi itketyt kyyneleet nopeuttavat henkistä kasvuamme. Jos sen sijaan itkemme maallisten kohteiden tai perheemme vuoksi, menetämme voimamme ja tulemme heikoiksi.

Miksi enää linja-autoon päästyämme jatkaisimme tavaroittemme kantamista valittaen niiden painavuutta? Meidän tulisi laskea kantamuksemme alas. Vastaavasti meidän tulisi laskea kaikki Hänen lootus-jalkojensa juureen. Hän seuraa askeliamme ja suojelee meitä. Meillä on murheita nyt, koska emme antaudu.

www.ingramcontent.com/pod-product-compliance
Lightning Source LLC
Chambersburg PA
CBHW070615050426
42450CB00011B/3061